Joseph Brodsky
Erinnerungen an Petersburg

Aus dem Amerikanischen von
Sylvia List und Marianne Frisch

Mit Photographien von Barbara Klemm

Carl Hanser Verlag

Die Originalausgabe erschien unter dem Titel
Less Than One: Selected Essays.
Die vorliegende Ausgabe enthält den ersten und den letzten Text dieser Ausgabe.
Farrar, Straus & Giroux, New York 1986

Weniger als man
Deutsch von Sylvia List

In eineinhalb Zimmern
Deutsch von Marianne Frisch

4. Auflage 2020

ISBN 978-3-446-20290-0

Satz: Reinhard Amann, Aichstetten
Lithos: MR Reproduktionen, München
Druck und Bindung: Friedrich Pustet, Regensburg
Printed in Germany

FSC www.fsc.org
MIX
Papier aus verantwortungsvollen Quellen
FSC® C014889

Weniger als man

1

Wie bei Fehlschlägen üblich, gleicht das Unternehmen, sich die Vergangenheit ins Gedächtnis zu rufen, dem Versuch, den Sinn des Daseins zu erfassen. Beides macht, daß man sich vorkommt wie ein Baby, das nach einem Basketball greift: immer wieder rutschen die Hände ab.

Ich erinnere mich an ziemlich wenig aus meinem Leben, und das, woran ich mich erinnere, ist wenig zwingend. Die meisten Gedanken, deren ich mich jetzt als interessant entsinne, verdanken ihre Bedeutung dem Zeitpunkt, zu dem sie auftauchten. Wenn nicht, sind sie zweifellos von jemand anderem sehr viel besser ausgedrückt worden. Die Biographie eines Schriftstellers ist in seinen Sprachwindungen enthalten. Ich erinnere mich beispielsweise, daß mir, als ich etwa zehn oder elf war, der Gedanke kam, daß Marx' Ausspruch, das Sein bestimme das Bewußtsein, nur so lange galt, als das Bewußtsein braucht, um die Fertigkeit des Distanzhaltens zu erwerben; danach ist das Bewußtsein unabhängig und kann das Sein bestimmen wie ignorieren. In dem Alter war das sicher eine Entdeckung – aber eine, die festgehalten zu werden kaum lohnt, und sicher ist sie von anderen besser dargestellt worden. Und kommt es denn wirklich darauf an, wer als erster die mentale Keilschrift entziffert hat, für die »das Sein bestimmt das Bewußtsein« ein so hervorragendes Beispiel ist? Daher schreibe ich dies alles nicht, um das Register zu korrigieren (ein solches Register gibt es nicht, und selbst wenn, wäre es bedeutungslos und also noch nicht verfälscht), sondern in erster Linie aus dem üblichen Grund, aus dem ein Schriftsteller schreibt – um sich oder andere durch Sprache unter Hochdruck zu setzen, in diesem Fall durch eine Fremdsprache. Das wenige, dessen ich mich entsinne, vermindert sich noch weiter dadurch, daß sich die Erinnerung auf englisch vollzieht.

Für den Anfang verlasse ich mich lieber auf meine Geburtsurkunde, die besagt, daß ich am 24. Mai 1940 in Leningrad, Rußland, geboren wurde – sosehr ich diesen Namen für die Stadt verabscheue, die vor langer Zeit von den einfachen Leuten kurz und liebevoll »Pieter« – von Petersburg – genannt wurde. Ein alter Zweizeiler heißt:

Wer unter Pieter muckt,
wird von ihm geduckt.

Von der Nation wird diese Stadt entschieden als Leningrad erlebt; mit der zunehmenden Vulgarität dessen, was sie umfaßt, wird sie mehr und mehr zu Leningrad. Außerdem klingt dem russischen Ohr »Leningrad« als Wort bereits so neutral wie »Bau« oder »Wurst«. Und doch sage ich lieber »Pieter«, denn ich erinnere mich an diese Stadt in einer Zeit, wo sie noch nicht wie »Leningrad« aussah – gleich nach dem Krieg. Graue, blaßgrüne Fassaden mit Einschlägen von Kugeln und Granatsplittern; endlose leere Straßen mit wenigen Passanten und schwachem Verkehr; ein beinahe verhungertes Aussehen mit infolgedessen ausgeprägteren und, wenn man so will, edleren Zügen. Ein mageres, hartes Gesicht, in dessen Augen, den Fensterhöhlen, sich das abstrakte Glitzern des Flusses spiegelte. Ein Überlebender kann nicht nach Lenin heißen.

Jene prachtvollen pockennarbigen Fassaden, hinter denen – zwischen alten Klavieren, abgewetzten Teppichen, staubigen Gemälden in schweren Goldrahmen, Überresten des während der Blockade von den Eisenöfen aufgezehrten Mobiliars (Stühle am allerwenigsten) – schwaches Leben aufzuflackern begann. Und ich erinnere mich, wie ich auf meinem Schulweg an diesen Fassaden entlangging, ganz versunken in meine Vorstellung von dem, was sich in jenen Räumen mit der welligen alten Tapete abspielte. Ich muß sagen, daß ich von diesen Fassaden und Portikus – klassisch, modern, eklektizistisch, mit ihren Säulen, Pilastern und Stuckköpfen mythischen

Getiers oder Personals –, von ihren Ornamenten und balkontragenden Karyatiden, von den Torsos in den Eingangsnischen mehr über die Geschichte unserer Welt gelernt habe als später aus irgendeinem Buch. Griechen-

land, Rom, Ägypten – alles war hier vertreten, und alles war während der Bombenangriffe von den Artilleriegeschossen angeschlagen worden. Und von dem spiegelnden grauen Strom, der zur Ostsee hin floß, mit hin und wieder einem Schlepper in der Flußmitte, der gegen die Strömung ankämpfte, habe ich mehr über Unendlichkeit und Stoizismus gelernt als durch Mathematik und Zeno. All das hatte sehr wenig mit Lenin zu tun, den ich vermutlich schon in der ersten Klasse zu verachten begann – nicht so sehr wegen seiner politischen Philosophie oder Praxis, über die ich mit sieben sehr wenig wußte, sondern wegen seiner allgegenwärtigen Abbildungen, die fast jedes Lehrbuch verseuchten, jedes Klassenzimmer, Briefmarken, Geld und was sonst noch, und auf denen er in verschiedenen Alters- und Lebensstufen dargestellt war. Es gab Lenin als Baby, engelgleich mit blonden Locken. Dann Lenin in seinen Zwanzigern und Dreißigern, fast kahl, aufrecht, mit jenem nichtssagenden Gesichtsausdruck, der sich als alles mögliche mißdeuten ließ, vorzugsweise als Zielbewußtheit. In gewisser Weise verfolgt dieses Gesicht jeden Russen und suggeriert ihm einen Standard menschlicher Erscheinung, weil es jeglichen Charakters restlos entbehrt. (Vielleicht läßt dieses Gesicht, gerade weil es nichts Spezifisches an sich hat, viele Deutungen zu.) Dann gab es den älteren Lenin, noch kahlköpfiger, mit dem keilförmigen Bart, dem dreiteiligen dunklen Anzug, manchmal lächelnd, aber meistens von einem Panzerspähwagen aus oder vom Podium eines Parteikongresses herab, einen Arm in die Höhe gereckt, Ansprachen an die »Massen« haltend.

Es gab auch Varianten: Lenin mit seiner Schiebermütze, eine Nelke am Revers; mit Weste, beim Schreiben oder Lesen in seinem Arbeitszimmer; auf einem Baumstumpf am Seeufer, al fresco, wie er seine Aprilthesen kritzelt oder irgendeinen anderen Quatsch. Schließlich noch Lenin in einer Art Uniformjacke auf einer Gartenbank neben Stalin, dem einzigen, der Lenin an Allgegenwärtigkeit seines gedruckten Abbilds übertraf. Aber Stalin war damals noch am Leben, während Lenin tot und – wenn auch nur, weil er der Vergangenheit angehörte – »gut« war, d.h. für ihn bürgten Geschichte wie Natur. Wohingegen Stalin nur die Natur zum Bürgen hatte, oder anders herum.

Daß ich es dazu brachte, diese Bilder zu ignorieren, war, glaube ich, meine erste Übung im Abschalten, mein erster Versuch, auf Distanz zu gehen. Weitere sollten folgen; tatsächlich läßt sich der Rest meines Lebens als ununterbrochenes Meiden seiner lästigsten Aspekte betrachten. In dieser Richtung bin ich ziemlich weit gegangen; vielleicht zu weit. Was auch nur eine Ahnung von Wiederholung in sich trug, war kompromittiert und hatte beseitigt zu werden. Das umschloß Sätze, Bäume, gewisse Typen von Leuten, bisweilen sogar körperliche Schmerzen; es beeinträchtigte viele meiner Beziehungen. Auf eine Weise bin ich Lenin dankbar. Was immer reichlich vorhanden war, sah ich sofort als eine Art Propaganda

an. Diese Einstellung sorgte wohl auch für ein ungeheuer beschleunigtes Tempo durch das Dickicht der Ereignisse, samt der obligaten Oberflächlichkeit.
Ich glaube nicht einen Augenblick daran, daß sich sämtliche Schlüssel zum Charakter in der Kindheit finden lassen. Etwa drei Generationen lang haben die Russen in Kommunalwohnungen und beengten Räumlichkeiten gelebt, und unsere Eltern liebten sich, während wir uns schlafend stellten. Dazu kamen Krieg, Hungersnot, abwesende oder verkrüppelte Väter, geile Mütter, offizielle Lügen in der Schule und inoffizielle zu Hause. Harte Winter, häßliche Kleidung, öffentliche Zurschaustellung unserer nassen Laken in Sommerlagern und Erwähnung derartiger Dinge in Gegenwart Dritter. Dann wehte am Mast des Lagers die rote Fahne. Na und? Diese ganze Militarisierung der Kindheit, dieser ganze bedrohliche Schwachsinn, die erotische Spannung (mit zehn waren wir alle scharf auf unsere Lehrerinnen) hatten weder unsere ethische noch unsere ästhetische Grundhaltung sonderlich beeinflußt, noch unsere Fähigkeit zu lieben und zu leiden. Ich gedenke dieser Dinge nicht, weil ich meine, sie wären Schlüssel zum Unterbewußten, und erst recht nicht aus Sehnsucht nach meiner Kindheit. Ich gedenke ihrer, weil ich das noch nie zuvor getan habe und weil ich von einigen dieser Dinge möchte, daß sie bleiben – zumindest auf dem Papier. Auch weil zurückzu-

blicken lohnender ist als das Gegenteil. Morgen ist einfach weniger verlockend als gestern. Aus irgendeinem Grund strahlt die Vergangenheit nicht solch immense Monotonie aus wie die Zukunft. Zukunft ist reichlich vorhanden und damit Propaganda. Wie Gras.

Die eigentliche Geschichte des Bewußtseins beginnt mit der ersten Lüge. Zufällig erinnere ich mich noch an meine. Es war in einer Schulbibliothek, als ich einen Mitgliedsantrag ausfüllen sollte. Zeile fünf war natürlich »Nationalität«. Ich war sieben Jahre alt und wußte sehr wohl, daß ich Jude war, aber der Aufsicht erzählte ich, ich wisse es nicht. Mit zweifelhafter Munterkeit schlug sie mir vor, nach Hause zu gehen und meine Eltern zu fragen. Ich habe diese Bibliothek nie wieder betreten, obwohl ich bei vielen anderen Mitglied wurde, die die gleichen Antragsformulare hatten. Weder schämte ich mich, Jude zu sein, noch scheute ich mich, das zuzugeben. Im Klassenbuch standen unsere Namen, die Namen unserer Eltern, Anschriften und Nationalitäten in aller Ausführlichkeit, und von Zeit zu Zeit pflegten die Lehrer es während der Pause »versehentlich« auf dem Pult liegenzulassen. Und wir fielen dann wie die Geier darüber her; so daß jeder in meiner Klasse wußte, daß ich Jude war. Aber siebenjährige Jungen geben keine guten Antisemiten ab. Außerdem war ich ziemlich kräftig fur mein

Alter, und auf die Fäuste kam es zu der Zeit hauptsächlich an. Ich schämte mich über das Wort »Jude« – auf russisch »Jewrej« –, ungeachtet seiner Konnotationen.
Das Schicksal eines Worts hängt ab von seiner kontextuellen Vielfalt, von der Häufigkeit seines Gebrauchs. Im gedruckten Russisch kommt »Jewrej« fast so selten vor wie etwa »Mediastinum« oder »Lichthaube« im Deutschen. Ja, sein Stellenwert entspricht etwa dem einer Obszönität oder der Vulgärbezeichnung einer Geschlechtskrankheit. Wenn man sieben ist, reicht der eigene Wortschatz aus, um die Seltenheit dieses Wortes zu erkennen, und es ist äußerst unangenehm, sich mit ihm identifizieren zu müssen; irgendwie geht es einem gegen das Prosodiegefühl. Ich weiß noch, daß mir bei dem aus dem Jiddischen entlehnten russischen Schimpfwort »Shid« (ausgesprochen etwa wie André Gide) immer erheblich wohler war: es war eindeutig beleidigend und dadurch nichtssagend, nicht mit Anspielungen befrachtet. Ein Einsilber hat im Russischen kaum Schlagkraft. Aber wenn Suffixe dazukommen oder sonstige Endungen oder Präfixe – dann fliegen die Fetzen. All dies soll nicht heißen, daß ich in jenem zarten Alter darunter litt, Jude zu sein; es soll nur besagen, daß meine erste Lüge meine Identität betraf.
Um den Antisemitismus als solchen kümmerte ich mich nicht sehr, da er zumeist von seiten der Lehrer kam: er

schien Teil ihrer negativen Rolle in unserem Leben zu sein; man mußte damit fertig werden wie mit schlechten Noten. Wäre ich Katholik gewesen, hätte ich die meisten von ihnen zur Hölle gewünscht. Schon wahr, einige Lehrer waren besser als andere; aber da sie alle Herren unseres unmittelbaren Lebens waren, machten wir uns nicht die Mühe zu differenzieren. Auch sie versuchten nicht, zwischen ihren kleinen Sklaven zu unterscheiden, und selbst die glühendsten antisemitischen Äußerungen hatten einen Anstrich von unpersönlicher Trägheit. Irgendwie bin ich nie fähig gewesen, einen verbalen Angriff auf mich ernst zu nehmen, schon gar nicht von Leuten so grundverschiedenen Alters. Ich schätze, die Schmähreden, die meine Eltern mir entgegenzuschleudern pflegten, hatten mich sehr gut eingestimmt. Außerdem waren einige Lehrer selber Juden, und ich fürchtete sie nicht weniger als die reinrassigen Russen.

Dies ist nur ein Beispiel für das Zurichten des Ich, das – zugleich mit der Sprache, in der Verben und Substantive so freizügig die Plätze tauschen, wie man es ihnen zutraut – ein so übermächtiges Gefühl von Ambivalenz in uns erzeugte, daß wir nach zehn Jahren schließlich mit einer Willensstärke dastanden, die in keiner Weise der von Seetang überlegen war. Vier Jahre Militärdienst (zu dem die jungen Männer mit neunzehn eingezogen wurden) vervollständigten den Prozeß totaler Unterwerfung unter den Staat. Gehorsam wurde zur ersten wie zur zweiten Natur.

Wenn man Köpfchen hatte, konnte man sicherlich versuchen, das System durch Ersinnen aller möglichen Umwege auszutricksen, durch Arrangieren dunkler Geschäfte mit den Vorgesetzten, haufenweises Lügen und durch das Ziehen an den Fäden irgendwelcher semi-nepotischen Beziehungen. Das wurde dann zu einer Ganztagsbeschäftigung. Dennoch war man sich ständig dessen bewußt, daß das Gespinst, das man um sich gezogen hatte, ein Lügengespinst war, und trotz seines Erfolgs oder auch trotz seines Sinns für Humor verachtete man sich. Das ist der letztendliche Triumph des Systems: ob man dafür oder dagegen ist, man fühlt sich gleichermaßen schuldig. Die Volksmeinung ist – wie das Sprichwort besagt –, daß es kein Übel gibt ohne ein Körnchen Gutes darin, und umgekehrt vermutlich auch.

Ambivalenz ist, glaube ich, das Hauptmerkmal meiner Nation. Es gibt keinen russischen Henker, der sich nicht davor fürchtet, eines Tages Opfer zu werden, und kein Opfer, auch nicht das bemitleidenswerteste, das sich nicht (wenn auch nur insgeheim) die geistige Fähigkeit eingestehen würde, Henker zu werden. Unsere derzeitige Geschichte kennt genug Beispiele für beides. Darin liegt eine gewisse Weisheit. Man könnte sogar meinen, diese

Ambivalenz *sei* Weisheit, das Leben selbst weder gut noch schlecht, sondern willkürlich. Vielleicht legt unsere Literatur solchen Nachdruck auf die Sache des Guten, weil sie so stark angefochten wird. Wäre dieser Nachdruck bloßes Zwiedenken, wäre das schön; aber er zerrt an den Instinkten. Diese Sorte Ambivalenz ist, glaube ich, genau jene »segensreiche Neuerung«, die der Osten, der sonst nur wenig zu bieten hat, dem Rest der Welt im Begriff ist aufzudrängen. Und die Welt sieht aus, als sei sie reif dafür.

Das Weltengeschick einmal beiseite gelassen, war der einzige Weg für einen Jungen, gegen das ihm drohende Los zu kämpfen, die vorgezeichnete Spur zu verlassen. Das kam einen hart an – wegen der Eltern und weil man selber ziemliche Angst vor dem Unbekannten hatte. Und am meisten deshalb, weil man dadurch anders wurde als die Mehrheit, und man hatte schließlich mit der Muttermilch eingesogen, daß die Mehrheit recht hat. Ein gewisser Mangel an Rücksicht ist erforderlich, und rücksichtslos war ich. So wie ich meinen Abgang von der Schule mit fünfzehn in Erinnerung habe, war er nicht so sehr eine bewußte Wahl als vielmehr eine Reaktion aus dem Bauch. Ich konnte einfach bestimmte Gesichter in meiner Klasse nicht ertragen – die Gesichter einiger Klassenkameraden, aber vor allem die der Lehrer. Und so stand ich eines Wintermorgens ohne ersichtlichen Grund mitten im Unterricht auf und nahm meinen melodramatischen Abgang durch das Schultor, im klaren Bewußtsein dessen, daß ich nie wiederkommen würde. Von den Gefühlen, die mich in jenem Augenblick überwältigten, entsinne ich mich nur noch eines allgemeinen Ekels vor mir selbst, weil ich zu jung war und mich von so vielen Dingen herumschubsen ließ. Dazu kam das vage Glücksempfinden von Flucht, von einer sonnigen Straße ohne Ende.

Die Hauptsache war wohl der Wechsel der äußeren Umgebung. In einem zentralisierten Staat sehen alle Zimmer gleich aus: das Büro meines Schulleiters war eine exakte Replik jener Amtszimmer, in die ich gute fünf Jahre später mehrfach zum Verhör gebracht wurde. Die gleichen Holzpaneele, Tische, Stühle – ein Paradies für Schreiner. Die gleichen Porträts unserer Gründer: Lenin, Stalin, Mitglieder des Politbüros und Maxim Gorki (Begründer der sowjetischen Literatur), falls es sich um eine Schule handelte, oder Felix Dsershinskij (Begründer der sowjetischen Geheimpolizei), falls es ein Untersuchungszimmer war.

Oft allerdings schmückte Dsershinskij – der »Eiserne Felix« oder »Ritter der Revolution«, wie die Propaganda ihn nennt – auch das Zimmer des Schulleiters, weil der Mann von den Höhen des KGB in das Bildungssystem gerutscht war. Und dann die stuckverzierten Wände mei-

СПРАВОЧНОЕ
БЮРО
Auskunftsbüro

ner Klassenzimmer mit dem blauen Querstreifen in Augenhöhe, der unfehlbar über das ganze Land lief wie die Linie eines unendlichen gemeinsamen Nenners: in Hallen, Krankenhäusern, Fabriken, Gefängnissen, Fluren von Kommunalwohnungen. Der einzige Ort, an dem ich ihm nicht begegnete, war in hölzernen Bauernhütten.

Dieser Dekor war so zum Verrücktwerden, wie er allgegenwärtig war; und wie viele Male in meinem Leben habe ich mich nicht dabei ertappt, wie ich gedankenleer diesen fünf Zentimeter breiten blauen Streifen anstarrte, ihn bisweilen für einen Meereshorizont, bisweilen für die Verkörperung des Nichts haltend. Er war zu abstrakt, um irgend etwas zu bedeuten. Eine vom Boden bis in Augenhöhe mit rattengrauer oder grünlicher Farbe bedeckte Wand und dieser blaue Streifen als Abschluß; darüber der jungfräuliche weiße Stuck. Niemand fragte je, warum er da war. Niemand hätte das beantworten können. Er war einfach da, eine Grenzlinie, ein Teiler zwischen Grau und Weiß, Darunter und Darüber. Es waren dies keine eigentlichen Farben, bloß Andeutungen davon, unterbrochen nur von in regelmäßigem Wechsel auftauchenden Flecken von Braun: den Türen. Geschlossen, halbgeöffnet. Und durch die halboffene Tür konnte man ein anderes Zimmer sehen mit derselben Verteilung von Grau und Weiß, kenntlich gemacht durch den blauen Streifen. Plus Lenin-Porträt und Weltkarte.

Es war angenehm, diesen kafkaesken Kosmos hinter sich zu lassen, obwohl ich auch damals schon – so scheint mir jedenfalls – im Grunde wußte, daß ich mir nichts Besseres einhandelte. Ich wußte, daß jedes andere Gebäude, das ich betreten würde, genauso aussah, denn Gebäude sind es, in denen wir weiterzumachen verdammt sind, so oder so. Und doch war ich mir sicher, daß ich es tun mußte. Die finanzielle Situation unserer Familie war finster: wir lebten hauptsächlich vom Gehalt meiner Mutter, da mein Vater Schwierigkeiten hatte, eine Stelle zu finden, nachdem er gemäß irgendwelchen seraphischen Bestimmungen, daß Juden keine wesentlichen militärischen Ränge bekleiden durften, aus der Marine entlassen worden war. Natürlich wären meine Eltern auch ohne meinen Beitrag zurechtgekommen; es wäre ihnen lieber gewesen, ich hätte die Schule abgeschlossen. Ich wußte das, und doch redete ich mir ein, ich müsse meiner Familie helfen. Das war fast eine Lüge, aber so machte es sich besser, und ich hatte zu jener Zeit Lügen schon schätzengelernt wegen dieses »Fast-Seins«, das die Umrisse der Wahrheit schärfer hervortreten läßt: schließlich endet die Wahrheit dort, wo Lügen anfangen. Das war es, was ein Junge in der Schule lernte, und es erwies sich als nützlicher denn Algebra.

2 Was immer es war – ob Lüge, Wahrheit oder höchstwahrscheinlich eine Mischung von beidem –, das mich zu einer solchen Entscheidung trieb, ich bin diesem Anlaß unendlich dankbar für meine offenbar erste freie Handlung. Es war eine Instinkthandlung, ein Aussteigen. Vernunft hatte nur sehr wenig damit zu tun. Ich weiß das, weil ich seither immer wieder und mit zunehmender Häufigkeit ausgestiegen bin. Und nicht unbedingt aus Langeweile oder weil ich eine Falle spürte. Ich bin aus idealen Konstellationen nicht weniger oft ausgestiegen als aus gräßlichen. Wie bescheiden auch immer der Platz, den man besetzt hält – wenn er nur das leiseste Zeichen von Annehmbarkeit zeigt, kann man sicher sein, daß eines Tages jemand daherkommt und ihn für sich beansprucht oder, was schlimmer ist, ihn zu teilen vorschlägt. Dann muß man entweder um diesen Platz kämpfen oder ihn verlassen. Wie sich ergab, war mir letzteres lieber. Keineswegs deshalb, weil ich nicht hätte kämpfen können, sondern aus schierem Ekel vor mir selbst: daß man es fertiggebracht hat, sich etwas auszusuchen, das auf andere anziehend wirkt, deutet auf eine gewisse Vulgarität des Erwählten. Es spielt überhaupt keine Rolle, daß man diesen Platz als erster entdeckt hat. Es ist sogar schlimmer, als erster irgendwohin zu kommen, denn der Appetit der Nachfolgenden ist immer stärker als der halbwegs gestillte eigene.

Hinterher habe ich jenen Schritt oft bedauert, vor allem als ich meine früheren Klassenkameraden innerhalb des Systems so gut vorankommen sah. Und doch kannte ich etwas, das sie nicht kannten. Tatsächlich kam ich auch voran, sogar ein bißchen weiter, aber in der entgegengesetzten Richtung. Besonders froh bin ich über eines, nämlich daß es mir gelungen ist, die »Arbeiterklasse« gerade noch in ihrem wahrhaft proletarischen Stadium zu erleben, bevor sie in den späten fünfziger Jahren eine Wandlung zur Mittelklasse durchzumachen begann. Es war echtes »Proletariat«, mit dem ich in der Fabrik zu tun hatte, wo ich mit fünfzehn als Maschinist an der Fräsmaschine anfing. Marx würde sie sofort wiedererkennen. Sie – oder vielmehr »wir« – lebten alle in Kommunalwohnungen, zu viert oder mehr in einem Zimmer, oft drei Generationen zusammen, schliefen umschichtig, soffen wie die Löcher, gifteten einander an oder die Nachbarn in der Kommunalküche oder in der Morgenschlange vor dem Kommunalklo, verprügelten ihre Frauen mit todgeweihter Entschlossenheit, weinten in aller Offenheit bei Stalins Tod und im Kino, fluchten dermaßen häufig, daß ein normales Wort wie »Flugzeug« einem Vorübergehenden als etwas ausgesucht Obszönes vorkommen mußte, und wurden ein indifferenter grauer Ozean von Köpfen oder ein Wald erhobener Arme bei öffentlichen Versammlungen wegen dieses oder jenes Ägypters.

Die Fabrik war ganz aus Backstein, riesig, der industriellen Revolution direkt entsprungen. Sie war Ende des neunzehnten Jahrhunderts erbaut worden, und die Bevölkerung von »Pieter« sprach von ihr als dem »Arsenal«: die Fabrik stellte Kanonen her. Zu der Zeit, als ich dort zu arbeiten begann, produzierte sie auch landwirtschaftliche Maschinen und Kompressoren. Trotzdem hatte sie – den sieben Schleiern des Geheimnisses entsprechend, die fast alles in Rußland verhüllen, was mit Schwerindustrie zu tun hat – den Kodenamen »Postfach 671«. Ich glaube allerdings, daß diese Geheimhaltung weniger deshalb betrieben wurde, um irgendwelche ausländischen Geheimdienste an der Nase herumzuführen, als um eine Art paramilitärischer Disziplin aufrechtzuerhalten, was der einzige Trick war, irgendeine Stabilität in der Produktion zu gewährleisten. In beiderlei Hinsicht ein eklatanter Fehlschlag.

Die Maschinerie war veraltet; neunzig Prozent davon waren den Deutschen nach dem Zweiten Weltkrieg als Reparationen abgenommen worden. Ich erinnere mich an diesen ganzen gußeisernen Zoo voll exotischer Wesen, die Namen trugen wie Cincinnati, Karlton, Fritz Werner, Siemens-Schuckert. Die Planung war unsäglich; mit schöner Regelmäßigkeit pflegte ein Eilauftrag für irgendeinen Artikel die aufflackernden Bemühungen, zu einer Art Arbeitsrhythmus oder -ablauf zu finden, durcheinanderzubringen. Gegen Ende des Quartals (also alle drei Monate), wenn der Plan sich wie immer in Rauch auflöste, stieß die Werksleitung den Kriegsschrei aus, um sämtliche Arbeitskräfte für das eine Ziel zu mobilisieren, und der Plan wurde im Sturm angegangen. Wann immer etwas zusammenbrach, gab es keine Ersatzteile, und eine Rotte ewig halbbetrunkener Kesselflicker wurde zwecks Ausübung ihrer Zauberkünste geholt. Das angelieferte Metall war voller Krater. Montags war praktisch jeder verkatert, von den Morgen nach Zahltagen gar nicht zu reden.

Hatte die Fußballmannschaft der Stadt oder die Nationalmannschaft verloren, sank tags darauf die Produktion erheblich. Niemand arbeitete, jeder diskutierte über alle Einzelheiten und über die Spieler, denn neben sämtlichen Komplexen einer überlegenen Nation hat Rußland den großen Minderwertigkeitskomplex eines kleinen Landes. Das ist vor allem die Folge der Zentralisierung des nationalen Lebens. Daher auch das positive, »lebensbejahende« Gelaber der offiziellen Zeitungen und Radiosender, selbst wenn von einem Erdbeben die Rede ist; nie hört man von irgendwelchen Opfern, sondern vernimmt nur Hymnen auf die Bruderhilfe anderer Städte und Republiken, die in der Versorgung der betroffenen Gegend mit Zelten und Schlafsäcken besteht. Oder man erfährt von einer Choleraepidemie nur dadurch, daß man zufäl-

lig von dem jüngsten Erfolg unserer wunderbaren Medizin liest, der sich in der Erfindung eines neuen Impfstoffs manifestiert.

Das Ganze hätte absurd ausgesehen, wären da nicht jene

sehr frühen Morgen gewesen, wo ich, kaum daß ich mein Frühstück mit blassem Tee hinuntergespült hatte, losrannte, um die Straßenbahn zu erwischen, und – als eine Beere mehr in den dunkelgrauen Büscheln von Men-

lichen dasselbe. Das ist es, was einen ein bißchen erstaunt, wenn man erwachsen wird und feststellt, daß man Aufgaben anpackt, die als Sache der Erwachsenen gelten. Die Unzufriedenheit des Kindes mit der elterlichen Gewalt und die Panik des Erwachsenen gegenüber der Verantwortung sind von gleicher Art. Man ist keine dieser beiden Figuren; man ist möglicherweise weniger als »man«.

Sicher ist das teilweise eine Folge des Berufs. Hat man als Bankier oder Pilot erst einmal erhebliche Sachkenntnis gesammelt, weiß man, daß man sicher sein kann, Profit zu machen bzw. heil zu landen. Wohingegen man bei dem Geschäft des Schreibens keinerlei Sachkenntnis anhäuft, sondern Ungewißheiten. Was nur ein anderer Name für Kunstfertigkeit ist. Auf diesem Gebiet, wo Sachkenntnis das Verhängnis heraufbeschwört, geraten die Begriffe Jugend und Reife durcheinander, und Panik ist der häufigste Geisteszustand. Daher würde ich lügen, wenn ich die Chronologie oder sonst etwas zu Hilfe nähme, das einen linearen Prozeß suggeriert. Eine Schule ist eine Fabrik ist ein Gedicht ist ein Gefängnis ist akademisch ist Langeweile mit Blitzen von Panik.

Außer, daß die Fabrik neben einem Krankenhaus lag und das Krankenhaus neben dem berühmtesten Gefängnis von ganz Rußland mit Namen Kresty, die Kreuze*. Und

* Das Gefängnis hat 999 Zellen.

die Leichenhalle jenes Krankenhauses war mein Arbeitsplatz, nachdem ich im Arsenal aufgehört hatte, weil ich die Idee hatte, Arzt zu werden. Die Kreuze öffneten mir ihre Zellentüren, bald nachdem ich meine Meinung geändert hatte und anfing, Gedichte zu schreiben. Als ich in der Fabrik arbeitete, konnte ich über die Mauer das Krankenhaus sehen. Als ich im Krankenhaus Leichen aufschnitt und zunähte, sah ich in den Kreuzen Gefangene beim Hofgang; manchmal gelang es ihnen, Briefe über die Mauer zu werfen, und ich hob sie auf und schickte sie ab. Wegen dieser gedrängten Lage der Örtlichkeiten und der Umschlossenheit der Muschel sind alle diese Orte, Arbeitsplätze, Häftlinge, Arbeiter, Wachen und Ärzte miteinander verschmolzen, und ich weiß nicht mehr, ob ich mich erinnere, wie ein anderer auf dem flacheisenförmigen Hof der Kreuze hin und her geht, oder ob ich es selber bin. Außerdem wurden die Fabrik wie das Gefängnis annähernd zur gleichen Zeit erbaut und waren äußerlich nicht zu unterscheiden; das eine Gebäude sah wie ein Flügel des anderen aus.

Also scheint es mir nicht sinnvoll, hier irgendeine Reihenfolge einhalten zu wollen. Für mich hat das Leben nie wie eine Serie klar gekennzeichneter Übergänge ausgesehen; vielmehr wächst es nach Art einer Lawine, und je mehr es das tut, desto mehr gleicht ein Ort dem anderen, eine Zeit der anderen. Ich erinnere mich zum Beispiel, wie meine Mutter und ich 1945 auf einem Bahnhof in der Nähe von Leningrad auf einen Zug warteten. Der Krieg war gerade aus, quer durch den Kontinent moderten zwanzig Millionen Russen in behelfsmäßigen Gräbern, und der Rest, vom Krieg zerstreut, kehrte in seine Häuser oder was davon übrig war zurück. Der Bahnhof war ein Bild urzeitlichen Chaos. Die Menschen fielen über die Viehzüge her wie wahnsinnige Insekten; sie kletterten auf die Dächer der Waggons, zwängten sich zwischen sie und dergleichen mehr. Aus irgendeinem Grund fiel mein Blick auf einen glatzköpfigen alten Krüppel mit einem Holzbein, der in einen Waggon nach dem anderen hineinzukommen versuchte, und jedesmal von den Leuten, die schon an den Trittbrettern hingen, weggestoßen wurde. Der Zug fuhr an, und der alte Mann humpelte weiter. An einer Stelle schaffte er es, einen Türgriff zu packen, und dann sah ich in der Türöffnung eine Frau einen Kessel hochheben und dem alten Mann kochendes Wasser direkt auf den kahlen Scheitel gießen. Der Mann fiel hin – die Brownsche Bewegung von tausend Beinen verschluckte ihn, und ich verlor ihn aus den Augen.

Es war grausam, ja, aber dieser Fall von Grausamkeit verschmilzt wiederum in meinem Gedächtnis mit einer Geschichte, die zwanzig Jahre später passierte, als eine Bande ehemaliger Kollaborateure mit der deutschen Besatzungsmacht, der sogenannten »Polizei«, verhaftet wurde. Die Zeitungen schrieben darüber. Es waren sechs oder sieben alte Männer. Der Name ihres Anführers war natürlich Gurewitsch oder Ginsburg, d.h. er war Jude, so widersinnig es auch ist, sich einen Juden als Nazikollaborateur vorzustellen. Sie wurden alle verurteilt. Der Jude bekam natürlich die Todesstrafe. Man erzählte mir, daß er an dem Morgen der Hinrichtung, während er von seiner Zelle in den Gefängnishof geführt wurde, wo schon das Exekutionskommando wartete, vom befehlshabenden Offizier der Gefängniswache gefragt wurde: »Ach, übrigens, Gurewitsch [oder Ginsburg], was ist dein letzter Wunsch?« – »Letzter Wunsch?« sagte der Mann. »Ich weiß nicht ... Ich würde mich gern verdünnisieren ...« Worauf der Offizier antwortete: »Na ja, verdünnisieren kannst du dich nachher.« Nun, für mich sind beide Geschichten ein und dieselbe; doch wäre es noch schlimmer, wenn die zweite Geschichte reine Folklore wäre, obwohl ich das nicht glaube. Ich kenne Hunderte ähnlicher Geschichten, vielleicht noch mehr. Und doch verschmelzen sie miteinander.

Was meine Fabrik von meiner Schule unterschied war nicht, was ich innerhalb beider getan hatte, nicht, was ich in den jeweiligen Zeitabschnitten gedacht hatte, sondern wie ihre Fassaden aussahen und was ich auf mei-

nem Weg zur Schule oder zum Betrieb beobachtete. Letzten Endes gibt es nichts als das Äußere. Millionen und Abermillionen widerfuhr das gleiche idiotische Los. Die Existenz, für sich genommen schon monoton, ist vom

zentralisierten Staat auf eine starre Gleichförmigkeit reduziert worden. Was zu beobachten übrigblieb, waren Gesichter, Wetter, Gebäude; und die Sprache, die die Leute benutzten.

Ich hatte einen Onkel, der Parteimitglied war und, wie mir inzwischen klar ist, ein ungeheuer guter Ingenieur. Im Krieg baute er Bunker für die Parteigenossen; vorher und nachher baute er Brücken. Beides steht heute noch. Mein Vater machte ihn immer lächerlich, wenn er mit meiner Mutter über Geld stritt, weil sie ihren Bruder als Muster einer soliden und stetigen Lebensweise anzuführen pflegte, und ich verachtete ihn mehr oder minder automatisch. Dennoch, er hatte eine herrliche Bibliothek. Er las nicht viel, glaube ich; aber damals wie heute galt es in der sowjetischen Mittelklasse als schick, Neuausgaben von Enzyklopädien, Klassikern und so weiter zu subskribieren. Ich beneidete ihn wahnsinnig. Ich erinnere mich, wie ich einmal hinter seinem Stuhl stand, seinen Hinterkopf anstarrte und dachte, daß, wenn ich ihn jetzt tötete, alle seine Bücher mir gehören würden, denn damals war er noch unverheiratet und ohne Kinder. Ich nahm mir oft Bücher aus seinen Regalen und fabrizierte mir sogar einen Schlüssel zu einem hohen Bücherschrank, hinter dessen Glasscheiben vier riesige Bände einer vorrevolutionären Ausgabe von *Mann und Weib* thronten.
Das war eine reichhaltig illustrierte Enzyklopädie, der ich mich noch heute zu Dank verpflichtet fühle für meine Grundkenntnisse bezüglich des Geschmacks verbotener Früchte. Wenn Pornographie im allgemeinen ein unbelebter Gegenstand ist, der eine Erektion verur-

sacht, so verdient festgehalten zu werden, daß man in der puritanischen Atmosphäre des stalinistischen Rußland von dem hundertprozentig unschuldigen sozrealistischen Gemälde *Aufnahme in den Komsomol* erregt werden konnte, dessen Reproduktionen weit verbreitet waren und fast jedes Klassenzimmer schmückten. Unter den Personen, die auf diesem Bild dargestellt waren, befand sich eine junge, blonde Frau, die auf einem Stuhl saß und die Beine so übereinandergeschlagen hatte, daß drei, vier Zentimeter ihres Oberschenkels zu sehen waren. Es war nicht so sehr das bißchen Oberschenkel als vielmehr dessen Kontrast zu dem dunkelbraunen Kleid, das sie trug, was mich verrückt machte und mich in meinen Träumen verfolgte.

Damals war es auch, daß ich lernte, all dem Getue um das Unbewußte zu mißtrauen. Ich glaube, ich träumte nie in Symbolen – immer sah ich die realen Dinge: Busen, Hüften, die Unterwäsche. Was letztere betrifft, so hatte sie zu der Zeit eine eigenartige Bedeutung für uns Jungen. Ich erinnere mich, wie jedesmal einer von uns während des Unterrichts unter einer Reihe von Pulten hindurch bis zum Pult der Lehrerin kroch, mit dem einzigen Ziel, ihr unter das Kleid zu sehen und herauszufinden, welche Farbe ihre Unterhose an dem Tag hatte. War die Erkundung beendet, verkündete er der übrigen Klasse in dramatischem Flüsterton: »Lila.«

Kurz, wir fühlten uns nicht sonderlich von unseren Phantasievorstellungen bedrängt – wir hatten zuviel Wirklichkeit, mit der wir fertig werden mußten. Ich habe an anderer Stelle gesagt, daß Russen – zumindest meiner Generation – nie Zuflucht zum Psychiater nehmen. Erstens gibt es gar nicht so viele. Außerdem ist die Psychiatrie Angelegenheit des Staates. Man weiß, daß es gar keine so tolle Sache ist, eine psychiatrische Akte zu haben. Sie kann jeden Augenblick zurückschießen. Aber wie auch immer, wir waren gewohnt, unsere Probleme selber zu behandeln und dem, was im Innern unserer Köpfe vorging, ohne Hilfe von außen auf der Spur zu bleiben. Ein gewisser Vorteil des Totalitarismus ist, daß er das Individuum zu einer Art eigener vertikaler Hierarchie anregt, an deren Spitze das Bewußtsein steht. So überblicken wir, was in unserem Innern vorgeht; fast erstatten wir unserem Bewußtsein Bericht über unsere Instinkte. Und dann bestrafen wir uns selbst. Erkennen wir, daß diese Strafe dem Dreckschwein, das wir in uns entdeckt haben, nicht angemessen ist, nehmen wir Zuflucht zum Alkohol und vertrinken unseren Verstand.

Ich halte dieses System für wirksam und für billiger. Nicht daß ich meine, Unterdrückung sei besser als Freiheit; ich glaube bloß, daß der Unterdrückungsmechanismus der menschlichen Psyche genauso angeboren ist wie der

Übertragungsmechanismus. Außerdem, sich selbst für ein Schwein zu halten ist demütiger und möglicherweise zutreffender, als sich als gefallenen Engel zu begreifen. Ich habe alle Ursache, so zu denken, denn in dem Land, in dem ich zweiunddreißig Jahre verbrachte, sind Ehebruch und Kinogehen die einzigen Formen freien Unternehmertums. Und die Kunst.

Nichtsdestoweniger empfand ich patriotisch. Es war der normale Patriotismus eines Kindes, ein Patriotismus mit stark militaristischem Einschlag. Ich bewunderte Flugzeuge und Kriegsschiffe, und nichts war für mich schöner als das gelb-blaue Banner der Luftwaffe, das wie ein geöffneter Fallschirm mit einem Propeller in der Mitte aussah. Ich liebte Flugzeuge und habe bis vor kurzem die Entwicklung in der Luftfahrt eingehend verfolgt. Mit den ersten Raketen gab ich auf, und aus meiner Liebe wurde eine wehmütige Schwärmerei für Propellermaschinen. (Ich weiß, ich bin nicht der einzige: mein neunjähriger Sohn sagte einmal, wenn er groß sei, werde er alle Düsenflieger zerstören und die Doppeldecker wieder einführen.) Was die Marine betraf, war ich ganz der Sohn meines Vaters und bewarb mich mit vierzehn um die Zulassung zu einer U-Boot-Akademie. Ich bestand alle Examen, wurde aber wegen Paragraph fünf – Nationalität – nicht angenommen, und meine irrationale Liebe zu Marineuniformen mit ihrer Doppelreihe goldener

Knöpfe, gleich einer nächtlichen Straße mit entschwindenden Lichtern, blieb unerwidert.

Visuelle Aspekte des Lebens sind mir, fürchte ich, immer wichtiger gewesen als sein Inhalt. So verliebte ich mich beispielsweise in eine Fotografie von Samuel Beckett, lange bevor ich eine Zeile von ihm gelesen hatte. Was das Militär anbelangte, ersparten die Gefängnisse mir den Wehrdienst, so daß meine Affäre mit der Uniform für immer platonisch blieb. Meiner Ansicht nach ist das Gefängnis erheblich besser als die Armee. Zunächst einmal, im Gefängnis wird man nicht dazu abgerichtet, einen fernen, »potentiellen« Feind zu hassen. Der Feind im Gefängnis ist kein abstraktes Wesen; er ist konkret und greifbar. Und das heißt, man ist immer greifbar für den Feind. Vielleicht ist »Feind« ein zu starkes Wort. Im Gefängnis hat man es mit einem extrem domestizierten Feindbegriff zu tun, was die ganze Sache sehr irdisch, sterblich macht. Letztlich bestand überhaupt kein Unterschied zwischen meinen Aufsehern oder Nachbarn und meinen Lehrern oder den Arbeitern, die mich während meiner Lehrzeit in der Fabrik demütigten.
Mit anderen Worten, der Schwerpunkt meines Hasses wurde nicht in ein ausländisches kapitalistisches Nirgendwo versprengt; es war nicht einmal Haß. Der verdammte Charakterzug, jeden zu verstehen und daher

jedem zu verzeihen, der in meiner Schulzeit eingesetzt hatte, konnte sich im Gefängnis voll entfalten. Ich glaube, ich haßte nicht einmal die KGB-Typen, die mich verhörten: Ich neigte dazu, selbst ihnen zu vergeben (taugt sonst nichts, muß seine Familie ernähren usw.). Diejenigen, für die ich keine Rechtfertigung fand, waren die, die das Land führten, vielleicht weil ich nie in die Nähe auch nur eines von ihnen gekommen war. Und was die Feinde betrifft, hat man in der Zelle einen höchst unmittelbaren: Raummangel. Die Formel für Gefängnis ist Raummangel aufgewogen durch Zeitüberschuß. Das nämlich stört einen wirklich – daß man nicht gewinnen kann. Gefängnis ist ein Mangel an Alternativen, und die teleskopische Vorhersehbarkeit der Zukunft ist das, was einen verrückt macht. Und trotzdem ist es höllisch viel besser als die Feierlichkeit, mit der das Militär einen auf Menschen auf der anderen Seite der Erdkugel oder auch weniger weit hetzt.

Der Dienst in der Sowjetarmee dauert drei bis vier Jahre, und ich bin niemandem begegnet, dessen Psyche nicht durch die geistige Zwangsjacke des Gehorsams versehrt worden wäre. Ausgenommen vielleicht Musiker, die in Militärkapellen spielen, und zwei entfernte Bekannte von mir, die sich 1956 in Ungarn erschossen, wo sie beide als Panzerkommandanten waren. Die Armee ist es, die einen letztlich zum Staatsbürger macht; ohne sie hat man

noch eine Chance, wie gering auch immer, Mensch zu bleiben. Wenn es in meiner Vergangenheit irgend etwas gibt, auf das ich stolz bin, dann darauf, daß ich Sträfling wurde, nicht Soldat. Selbst dafür, daß mir der Militär-

jargon entging – was mich am meisten bekümmerte –, wurde ich großzügig entschädigt durch Gaunersprache und Sträflingsvokabular.

Kriegsschiffe und Flugzeuge jedoch waren schön, und jedes Jahr gab es mehr davon. 1945 waren die Straßen voll von »Studebekker«-Lastern und Jeeps mit weißem Stern auf Türen und Kühlerhauben – die amerikanische Hardware, die wir geliehen bekommen hatten. 1972 verkauften wir selbst diese Art Sachen *urbi et orbi*. Wenn der Lebensstandard in diesem Zeitraum um fünfzehn bis zwanzig Prozent anstieg, so muß der Anstieg der Waffenproduktion in Zehntausenden Prozent ausgedrückt werden. Sie wird weiter ansteigen, weil sie so ziemlich das einzig Handfeste ist, was wir in dem Land haben, das einzig greifbare Gebiet, das Fortschritte verzeichnet. Auch weil militärische Erpressung, d.h. eine ständige Erhöhung der Waffenproduktion, die in einer totalitären Struktur absolut tragbar ist, die Wirtschaft jedes demokratischen Gegners, der das Gleichgewicht aufrechtzuerhalten sucht, lahmlegen kann. Aufrüstung ist kein Wahnsinn: sie ist das beste verfügbare Mittel, um die Wirtschaft des Gegenspielers zu konditionieren, und die im Kreml haben das voll begriffen. Jeder, der nach Weltherrschaft strebt, würde dasselbe tun. Die Alternativen sind entweder unbrauchbar (wirtschaftlicher Wettbewerb) oder zu schrecklich (Umsetzen militärischer Planspiele in die Tat).

Überdies entspricht die Armee einer bäuerlichen Ordnungsvorstellung. Für einen Durchschnittsmenschen gibt es nichts Beruhigenderes als den Anblick seiner Kohorten, die vor den auf dem Mausoleum stehenden Mitgliedern des Politbüros paradieren. Ich nehme an, daß keinem von ihnen jemals in den Sinn gekommen ist, daß dieses Stehen auf der Grabstätte einer heiligen Reliquie ein Element von Blasphemie enthält. Die Idee ist wohl die eines Kontinuums, und das Traurige an diesen Figuren oben auf dem Mausoleum ist, daß sie wirklich gemeinsame Sache mit der Mumie machen, indem sie der Zeit Trotz bieten. Man kann es entweder live im Fernsehen sehen oder als schlecht gedrucktes Foto, das von den offiziellen Zeitungen in Millionenauflage verbreitet wird. Wie die alten Römer stets einen Bezug zum Zentrum ihres Imperiums herstellten, indem sie der Hauptstraße ihrer Siedlungen einen Nord-Süd-Verlauf gaben, so überprüfen die Russen Stabilität und voraussichtlichen Verlauf ihres Daseins mit Hilfe jener Bilder.

Als ich in der Fabrik arbeitete, gingen wir in den Mittagspausen in den Fabrikhof; die einen setzten sich hin und wickelten ihre Brote aus, andere rauchten oder spielten Volleyball. Es gab auch ein kleines Blumenbeet mit dem Standardholzzaun drumherum. Das war eine Reihe von fünfzig Zentimeter hohen Brettern mit Zwischenabständen von fünf Zentimetern, zusammengehalten von einer Querlatte aus demselben Material, das Ganze grün gestrichen. Der Zaun war staub- und rußbedeckt, geradeso wie die verschrumpelten, welken Blumen auf dem viereckigen Beet. Wohin es einen in dem ganzen Reich auch verschlug, man traf unweigerlich auf diesen Zaun. Er wird vorgefertigt geliefert, aber selbst wenn die Leute ihn eigenhändig machen, halten sie sich stets an das vorgeschriebene Muster. Einmal kam ich nach Mittelasien, nach Samarkand; ich war voll Vorfreude auf die türkisfarbenen Kuppeln und die unergründlichen Ornamente der Moscheeschulen und Minarette. Da waren sie. Und dann sah ich den Zaun mit seinem idiotischen Rhythmus, und mein Herz sank, der Orient entschwand. Die kleinteilige, kammartige Monotonie der engen Umzäunung hob augenblicklich den Raum – wie auch die Zeit – zwischen der Fabrik und dem altehrwürdigen Sitz Kublai Chans auf.

Nichts ist diesen Brettern ferner als die Natur, deren Grün ihr Anstrich auf idiotische Weise suggeriert. Diese Bretter, die Eisengitter an Staatsgebäuden, das unvermeidliche Khaki der Militäruniform in jeder vorübergehenden Menge auf jeder Straße in jeder Stadt, die ewigen Fotos von Stahlgießereien in jeder Morgenzeitung und der ununterbrochene Tschaikowsky im Radio – diese Dinge hätten einen in den Wahnsinn getrieben, hätte man nicht gelernt abzuschalten. Das sowjetische Fernsehen kennt keine Werbesendungen; in den Pausen zwischen den Programmen kommen Bilder von Lenin oder sogenannte Fotostudien wie »Frühling«, »Herbst« usw.

Dazu blubbernde »leichte« Musik, die nie einen Komponisten hatte und ein bloßes Produkt des Verstärkers ist. In jenen Tagen wußte ich noch nicht, daß all das das Ergebnis des Zeitalters der Vernunft und des Fortschritts war, des Zeitalters der Massenproduktion; ich schrieb es dem Staat und teilweise auch der Nation zu, die sich auf alles stürzt, das keine Phantasie erfordert. Und doch hatte ich, wie ich meine, nicht völlig unrecht. Sollte es nicht leichter sein, Aufklärung und Kultur in einem zentralisierten Staat durchzuführen und zu verbreiten? Ein Herrscher hat theoretisch besseren Zugang zur Vollkommenheit (die er sowieso beansprucht) als ein Volksvertreter. So argumentierte Rousseau. Schade, daß das in Rußland nie funktionierte. Dieses Land mit seiner herrlich flektierten Sprache, die des Ausdrucks subtilster Nuancen der menschlichen Psyche fähig ist, mit einem unglaublichen ethischen Feingefühl (eine positive Folge seiner ansonsten tragischen Geschichte), hatte alle Voraussetzungen für ein geistig-kulturelles Paradies, für ein wahres Gefäß der Zivilisation. Statt dessen wurde es eine öde Hölle mit einem schäbigen materialistischen Dogma und kläglichen konsumorientierten Tastversuchen.

Meine Generation ist jedoch noch einigermaßen davongekommen. Wir tauchten aus den Nachkriegstrümmern auf, als der Staat zu beschäftigt damit war, seine eigene

Haut zu flicken, und sich nicht richtig um uns kümmern konnte. Wir kamen zur Schule, und welch höherer Quatsch uns dort auch beigebracht wurde – Leid und Armut rundum waren offensichtlich. Eine Ruine läßt sich

nicht mit einer Seite der Prawda zudecken. Die leeren Fenster gafften uns an wie Schädelhöhlen, und so klein wir waren, wir empfanden das Tragische. Zwar konnten wir keinerlei Zusammenhang zwischen uns und den Ruinen herstellen, aber das war auch nicht nötig: ihre Ausstrahlung war stark genug, um unser Lachen abbrechen zu lassen. Hinterher lachten wir weiter, völlig gedankenlos – und doch war es ein Wiederaufnehmen. In jenen Nachkriegsjahren spürten wir eine seltsame Intensität in der Luft liegen; etwas Immaterielles, fast Geisterhaftes. Und wir waren jung, kleine Kinder. Das Warenangebot war sehr beschränkt, aber da wir es nicht anders kannten, machte es uns nichts aus. Die Fahrräder waren alt, Vorkriegsfabrikate, der Besitzer eines Fußballs galt als Bourgeois. Mäntel und Unterwäsche waren von unseren Müttern aus den Uniformen und geflickten Unterhosen unserer Väter geschneidert: exit Sigmund Freud. Also entwickelten wir keinen Hang zum Besitz. Die Dinge, die wir später, als das möglich war, besaßen, waren schlecht gemacht und sahen häßlich aus. Irgendwie zogen wir die Vorstellung von Dingen den Dingen selbst vor, obwohl wir, wenn wir in den Spiegel schauten, nicht sonderlich leiden mochten, was wir dort sahen.

Wir hatten nie ein eigenes Zimmer, in das wir unsere Mädchen hätten locken können, noch hatten unsere Mädchen Zimmer. Unsere Liebesgeschichten waren zumeist Spaziergeh- und Redegeschichten; hätten wir Kilometergeld zahlen müssen, wären astronomische Summen zusammengekommen. Alte Lagerhäuser, Flußkais in Industrievierteln, starre Bänke in nassen Parks und kalte Eingänge öffentlicher Gebäude – das waren die Standardhintergründe für unsere ersten himmelhoch jauchzenden Wonnen. Wir hatten nie das, was man »materielle Stimuli« nennt. Ideologische waren lächerlich, sogar schon für Kindergartenkinder. Wenn jemand sich verkaufte, dann nicht um irgendeines materiellen Vorteils willen oder für mehr Komfort: das gab es nicht. Er verkaufte sich aus einem inneren Bedürfnis und wußte das selber. Es gab keinerlei Angebot, nichts als die pure Nachfrage.

Wenn wir nach ethischen Gesichtspunkten entschieden, basierte unsere Wahl nicht so sehr auf unmittelbarer Realität als auf aus der Literatur übernommenen moralischen Maßstäben. Wir waren begierige Leser und gerieten in Abhängigkeit von dem, was wir lasen. Bücher hielten uns – vielleicht auf Grund ihres formalen Elements von Endgültigkeit – absolut in ihrem Bann. Dickens war wirklicher als Stalin oder Berija. Mehr als irgend etwas anderes beeinflußten Romane die Art und Weise unseres Verhaltens und unserer Gespräche, und neunzig Prozent unserer Gespräche drehten sich um Romane. In der Tendenz ein circulus vitiosus, den wir aber keineswegs durchbrechen wollten.

In ihrem Ethos war diese Generation eine der am stärksten von Büchern geformte in der Geschichte Rußlands, und das Gott sei Dank. Eine Beziehung konnte für immer zerbrechen an einer Bevorzugung Hemingways gegenüber Faulkner; die Hierarchie in jenem Pantheon war unser wahres Zentralkomitee. Angefangen hatte es als eine gewöhnliche Anhäufung von Wissen, wurde aber bald unsere wichtigste Beschäftigung, der alles andere geopfert werden konnte. Bücher wurden die erste und einzige Realität, wohingegen die Realität uns als unsinnig oder lästig galt. Verglichen mit anderen, waren wir scheinbar Versager oder lebten aus zweiter Hand. Wenn man es aber richtig bedenkt, ist ein Dasein, das die von der Literatur gesetzten Maßstäbe ignoriert, minderwertig und lohnt die Mühe nicht. So dachten wir, und ich meine, wir hatten recht.

Instinktiv zogen wir das Lesen dem Handeln vor.

Kein Wunder, daß unser eigentliches Leben mehr oder minder ein Scherbenhaufen war. Selbst diejenigen von uns, die den Weg durch die schier undurchdringlichen Waldungen der »höheren Bildung« schafften, mit all den unvermeidlichen Gefälligkeiten gegenüber dem System – Lippenbekenntnissen wie Diensten anderer Körperteile –, fielen schließlich den von der Literatur auferlegten Skrupeln zum Opfer und gaben auf. Wir endeten als Gelegenheitsarbeiter im Haus- und Verlagswesen oder landeten bei geistlosen Tätigkeiten wie Meißeln von Grabsteinen, Ziehen von Blaupausen, Übersetzen technischer Texte, Buchhaltung, Buchbinden, Entwickeln von

Röntgenaufnahmen. Von Zeit zu Zeit standen wir plötzlich bei einem der anderen in der Wohnungstür, eine Flasche in der einen Hand, Blumen oder eine Kleinigkeit zum Essen, süß oder salzig, in der anderen, und verbrachten den Abend mit Reden, Tratschen, Herziehen über die Idiotie der Funktionäre eine Treppe höher und rätselten, wer von uns als erster sterben würde. Und jetzt muß ich das Pronomen »wir« fallenlassen.

Niemand kannte Literatur und Geschichte besser als diese Menschen, niemand vermochte besser Russisch zu schreiben als sie, niemand empfand gründlichere Verachtung für unsere Zeit. Für diese Leute bedeutete Zivilisation mehr als tägliches Brot und nächtliche Umarmung. Dies schien, war aber nicht eine weitere verlorene Generation. Dies war die einzige Generation von Russen, die zu sich selbst gefunden hatte, für die Giotto und Mandelstam maßgeblicher waren als ihr persönliches Schicksal. Ärmlich gekleidet, aber irgendwie trotzdem elegant, herumgeschoben von den tauben Händen ihrer unmittelbaren Herren, ständig hakenschlagend auf der Flucht vor den allgegenwärtigen Staatshunden und den noch allgegenwärtigeren Füchsen, gebrochen, alternd, bewahrten sie dennoch ihre Liebe zu dem inexistenten (nur in ihren kahler werdenden Köpfen existierenden) Ding namens »Zivilisation«. Hoffnungslos vom Rest der

Welt abgeschnitten, dachten sie, daß wenigstens jene Welt wie sie wäre; nun wissen sie, daß sie wie die anderen ist, nur besser angezogen. Während ich dies schreibe, schließe ich meine Augen und sehe sie beinahe vor mir, wie sie in ihren Bruchbuden von Küchen stehen, das Glas in der Hand, und ihre Gesichter zu ironischen Grimassen verziehen. »Da, da …« Sie grinsen. »*Liberté, Egalité, Fraternité* … Warum fügt niemand hinzu: Kultur?«

Das Gedächtnis ist meiner Meinung nach ein Ersatz für den Schwanz, den wir in dem glückseligen Evolutionsprozeß ein für alle Mal verloren haben. Es lenkt unsere Bewegungen, Migration eingeschlossen. Davon abgesehen, hat der Erinnerungsvorgang an sich schon etwas eindeutig Atavistisches, wenn auch nur deshalb, weil ein solcher Vorgang nie linear abläuft. Und dann, an je mehr man sich erinnert, desto näher ist man vielleicht dem Sterben.

Falls sich das so verhält, ist es ein gutes Zeichen, wenn das Gedächtnis strauchelt. Öfter jedoch windet es sich vorwärts, springt zurück, schweift nach allen Seiten, wie eben ein Schwanz es tut; genauso sollte sich eine Erzählung bewegen, auch auf das Risiko hin, inkonsequent und langweilig zu klingen. Langeweile ist schließlich die häufigste Erscheinungsform des Daseins, und man muß sich fragen, warum es ihr in der Prosa des neunzehnten

Jahrhunderts, die so sehr nach Realismus strebte, so kläglich erging.
Doch selbst wenn ein Schriftsteller voll gerüstet ist, die subtilsten Schwankungen des Geistes auf dem Papier nachzuvollziehen – das Bemühen, den Schwanz in all seiner Spiralenherrlichkeit wiederzugeben, ist immer noch zum Scheitern verurteilt, denn nicht umsonst gab es die Evolution. Die Perspektive der Jahre glättet die Dinge bis zu völliger Unkenntlichkeit. Nichts bringt sie zurück, nicht einmal handgeschriebene Wörter mit ihren gewundenen Buchstaben. Solch ein Bemühen ist um so mehr zum Scheitern verurteilt, wenn der Schwanz leider irgendwo in Rußland hängengeblieben ist.
Wären die gedruckten Wörter nur ein Zeichen von Vergeßlichkeit, wäre das schön. Die traurige Wahrheit ist, daß die Wörter ebenfalls die Wirklichkeit verfehlen. Zumindest ist es mein Eindruck gewesen, daß jegliche aus dem russischen Bereich stammende Erfahrung, selbst wenn sie mit fotografischer Genauigkeit geschildert wird, von der englischen Sprache einfach abprallt, ohne eine sichtbare Spur an ihrer Oberfläche zu hinterlassen. Natürlich kann die Erinnerung einer Zivilisation nicht die Erinnerung einer anderen werden, sollte es vielleicht auch nicht. Doch wenn es der Sprache mißlingt, die negativen Wirklichkeiten einer anderen Kultur wiederzugeben, sind Tautologien schlimmster Sorte die Folge.

Die Geschichte ist zweifellos dazu verurteilt, sich zu wiederholen: letzten Endes hat sie ja, wie die Menschen, nicht sehr viele Möglichkeiten. Immerhin sollte man den Trost haben, sich klar darüber zu sein, wessen Opfer man wird, wenn man sich auf die eigentümliche Semantik einläßt, die in einem fremden Reich wie Rußland herrscht. Man fällt auf seine eigenen Gewohnheiten des Begreifens und Analysierens herein, d.h. man benutzt die Sprache, um Erfahrung zu zergliedern, und beraubt so seinen Verstand der Vorzüge der Intuition. Denn bei aller Schönheit bedeutet ein festumrissener Begriff immer ein Schrumpfen des Wortsinns, ein Kappen loser Enden. Wo doch die losen Enden das sind, worauf es in der Erscheinungswelt am meisten ankommt, da sie sich miteinander verflechten.

Ebendiese Worte bezeugen, daß ich weit davon entfernt bin, die englische Sprache des Ungenügens zu beschuldigen; noch beklage ich die psychische Brache ihrer eingeborenen Sprecher. Ich bedauere lediglich die Tatsache, daß einer so fortgeschrittenen Vorstellung vom Bösen, wie die Russen sie nun einmal besitzen, auf Grund knäueliger Syntax der Eintritt ins Bewußtsein verweigert wird. Da möchte man doch wissen, wie viele von uns sich eines Bösen entsinnen, das mit ganz schlichten Worten unser Haus betritt wie: »Hallo, ich bin das Böse. Wie geht's?« Wenn all dies nichtsdestoweniger etwas Elegisches an sich hat, liegt das mehr am Genre des Stücks als an seinem Inhalt, dem Zorn angemessener wäre. Weder Elegie noch Zorn geben den Sinn der Vergangenheit preis; die Elegie wenigstens schafft keine neue Wirklichkeit. Ein wie kunstvolles Gebilde jemand auch immer ersinnen mag, am Ende steht er da mit einem Netz voller Fische, aber ohne Wasser. Das sein Boot einlullt. Und das hinreicht, um ihn sich schwindlig fühlen oder zu einem elegischen Ton greifen zu lassen. Oder um die Fische zurückzuwerfen.

*

Es war einmal ein kleiner Junge. Er lebte im ungerechtesten Land der Welt. Das von Wesen regiert wurde, die nach aller menschlichen Einschätzung als entartet hätten angesehen werden müssen. Was nie geschah.

Und da war eine Stadt. Die schönste Stadt auf dem Antlitz der Erde. Mit einem unermeßlichen grauen Fluß, der über ihren fernen Ausläufern hing wie der unermeßliche graue Himmel über diesem Fluß. An diesem Fluß standen prachtvolle Paläste mit so wunderschön gestalteten Fassaden, daß, wenn der kleine Junge am rechten Ufer stand, das linke Ufer aussah wie der Abdruck einer riesigen Molluske namens Zivilisation. Die ausgestorben war.

Frühmorgens, wenn der Himmel noch voller Sterne war, stand der kleine Junge auf, und nachdem er, begleitet von einer Rundfunkmeldung über einen neuen Rekord im

Stahlschmelzen, gefolgt vom Soldatenchor mit einer Hymne an den Ersten Sekretär, dessen Bild an die Wand über dem noch warmen Bett des kleinen Jungen geheftet war, eine Tasse Tee und ein Ei zu sich genommen hatte, rannte er die schneebedeckte granitene Uferbefestigung entlang zur Schule.

Der breite Fluß lag weiß und gefroren da wie die in Schweigen verfallene Zunge eines Erdteils, und die große Brücke wölbte sich gegen den dunkelblauen Himmel wie ein eiserner Gaumen. Wenn der kleine Junge zwei Minuten Zeit hatte, rutschte er aufs Eis hinunter und lief zwanzig, dreißig Schritte zur Mitte vor. Dabei dachte er die ganze Zeit darüber nach, was die Fische wohl unter so schwerem Eis taten. Dann hielt er an, drehte sich um 180 Grad und rannte ohne Pause bis zur Schule und die Stufen zum Eingang hinauf. Er platzte in die Halle, schmiß unweigerlich Hut und Mantel auf einen Haken und stürmte die Treppe hinauf und in sein Klassenzimmer hinein.

Es ist ein großer Raum mit drei Reihen von Pulten, einem Porträt des Ersten Sekretärs an der Wand hinter dem Stuhl der Lehrerin, einer Landkarte mit den beiden Hemisphären, von denen nur eine legal ist. Der kleine Junge setzt sich auf seinen Platz, legt Federhalter und Kladde auf das Pult, hebt das Gesicht und macht sich bereit, Gelaber zu hören.

1976

In eineinhalb Zimmern

Für L. K.

1

Die eineinhalb Zimmer (falls diese Raumeinheit auf deutsch irgendwas sagt), in denen wir zu dritt wohnten, hatten Parkettboden, und meine Mutter protestierte heftig, wenn die Männer ihrer Familie, vor allem ich, darauf in Socken rumliefen. Sie bestand darauf, wir sollten, ganz gleich zu welcher Tageszeit, Schuhe oder Hausschuhe tragen. Wenn sie mich deshalb dazu anhielt, beschwor sie jedesmal einen alten russischen Aberglauben: ein böses Omen, sagte sie dann, könnte an einen Todesfall in der Familie gemahnen.

Es könnte freilich auch sein, daß sie diese Angewohnheit einfach als kulturlos ansah und schlicht für schlechte Manieren hielt. Männerfüße riecht man, und das war die Prä-Deodorant-Ära. Ich konnte mir schon vorstellen, daß man auf dem glänzenden Parkett leicht ausrutschen und fallen könnte, besonders wenn man Wollsocken anhatte, und war man dazu noch alt und gebrechlich, die Folgen könnten verheerend sein. Die Verbindung von Parkett mit Holz, Erde und so weiter weitete sich in meiner Vorstellung zu jedwedem Boden unter den Füßen unserer nahen und entfernten Verwandten, die in der gleichen Stadt lebten, aus. Auf die Entfernung kam es nicht an, es war der gleiche Boden. Selbst wenn einer auf der anderen Seite des Flusses wohnte, wo ich später selbst eine Wohnung oder ein Zimmer mietete, war das kein Entschuldigungsgrund, denn in dieser Stadt gab es zu viele Flüsse und Kanäle. Auch wenn einige davon tief genug für die Durchfahrt von Hochseeschiffen waren, der Tod, dachte ich, würde sie flach finden oder in seiner bekannten Untergrundmanier könnte er unter ihren Böden rüberkriechen.

Jetzt sind meine Mutter und mein Vater tot. Ich stehe an der Küste des Atlantischen Ozeans: eine Riesenmasse Wasser, die mich von zwei Tanten, die noch leben, und meinen Vettern und Kusinen trennt; ein regelrechter Abgrund, der tief genug ist, selbst den Tod durcheinanderzubringen. Jetzt darf ich nach Herzenslust in Socken rumlaufen, denn auf diesem Kontinent habe ich keine Verwandten. Der einzige Tod in der Familie, den ich jetzt provozieren kann, ist vermutlich mein eigener, obwohl das Sender und Empfänger vertauschen würde. Die Chancen, sie zu vereinen, sind gering, und genau das ist es, was die Elektronik vom Aberglauben unterscheidet. Und doch, wenn ich auf diese großen kanadischen Ahorndielen nicht in Socken trete, dann hat das weder mit dieser Gewißheit noch mit Selbsterhaltungstrieb zu tun, sondern weil meine Mutter es nicht schätzen würde. Ich denke, ich will alles so, wie es damals in unserer Familie war, bewahren, nun da ich bin, was von ihr übrigbleibt.

2

Wir lebten zu dritt in diesen unseren eineinhalb Zimmern: mein Vater, meine Mutter und ich. Eine Familie, in der damaligen Zeit eine typisch russische Familie. Es war die Zeit nach dem Krieg, und wenige Leute konnten sich mehr als ein Kind leisten. Einige konnten sich nicht mal ihren Vater leisten, als Lebenden oder Anwesenden. Gewaltige Schrecken und Krieg suchten ihre Opfer in den großen Städten, in meiner Vaterstadt besonders. Also hätten wir uns glücklich schätzen müssen, zumal wir Juden waren. Wir hatten alle drei den Krieg überlebt (und ich sage »alle drei«, weil ich auch vorher geboren wurde, 1940); meine Eltern hingegen hatten die dreißiger Jahre auch überlebt.

Ich nehme an, sie schätzten sich glücklich; auch wenn sie nie viel darüber sprachen. Im großen und ganzen waren sie sich ihrer selbst nicht besonders bewußt, erst als sie älter wurden und die Gebrechen anfingen sie heimzusuchen. Aber auch dann sprachen sie nicht von sich und dem Tod, in einer Art, die den Zuhörer erschrecken läßt oder zu Mitleid anspornt. Sie brummelten einfach vor sich hin oder klagten, an niemanden gerichtet, über Schmerzen, oder sie unterhielten sich ausgiebig über das eine oder andere Medikament. Das Äußerste, was meine Mutter überhaupt zu diesem Thema hervorbrachte, war, daß sie auf ein besonders edles Porzellan deutete und sagte: »Das wird einmal dir gehören, wenn du heiratest oder wenn ...« Und jedesmal brach sie dann ab. Und einmal, erinnere ich mich, sprach sie am Telefon mit irgendeiner ihrer entfernten Freundinnen, von der es hieß, sie sei krank: Ich erinnere mich an meine Mutter, wie sie aus der Telefonzelle auf die Straße tritt, wo ich auf sie wartete, da war hinter ihrer Schildpattbrille ein irgendwie unvertrauter Blick in ihren so vertrauten Augen. Ich neigte mich zu ihr (ich war schon ziemlich viel größer) und fragte, was die Frau gesagt habe, und meine Mutter antwortete, ziellos geradeaus starrend: »Sie weiß, daß sie im Sterben liegt und hat ins Telefon geweint.«

Sie nahmen alles als selbstverständlich hin: das System, ihre Machtlosigkeit, ihre Armut, ihren widerborstigen Sohn. Sie versuchten halt aus allem das Beste zu machen: immer Essen auf den Tisch zu bringen, ganz gleich, was für Essen das war, es mußte in Leckerbissen verwandelt werden, und dann mit dem Geld zurechtzukommen – und obwohl wir immer von Zahltag zu Zahltag lebten, mußten ein paar Rubel für die Lieblingsfilme des Jungen, für einen Museumsbesuch, für Bücher, für Schleckereien beiseite gelegt werden. Geschirr, Besteck, Kleider, Wäsche, alles immer sauber, poliert, gebügelt, geflickt, ge-

stärkt. Die Tischdecke war immer fleckenlos und steif, der Lampenschirm darüber abgestaubt, das Parkett gebohnert und gefegt.

Erstaunlich dabei ist, sie waren nie gelangweilt. Müde, ja, aber nicht gelangweilt. Den größten Teil der freien Zeit zu Hause waren sie auf den Beinen: sie kochten, wuschen, pendelten zwischen der Gemeinschaftsküche unserer Wohnung und unseren eineinhalb Zimmern hin und her, fummelten an diesem oder jenem Haushaltsgegenstand herum. Wenn sie sich setzten, so war das selbstverständlich zum Essen. Aber hauptsächlich erinnere ich mich an meine Mutter auf einem Stuhl, über ihre Singer-Nähmaschine mit Fußpedal gebeugt, um unsere Kleider in Ordnung zu bringen, alte Hemdkragen zu wenden, alte Mäntel zu flicken oder zu ändern. Was meinen Vater betrifft, so saß er nur auf einem Stuhl, wenn er die Zeitung las, oder aber an seinem Schreibtisch. Manchmal sahen sie abends einen Film oder ein Konzert an unserem 1952-Fernseher. Dann saßen sie gewöhnlich auch. So, sitzend auf einem Stuhl, fand ein Nachbar vor einem Jahr meinen Vater, tot, in den leeren eineinhalb Zimmern.

3 Dreizehn Monate hatte er seine Frau überlebt. Von den achtundsiebzig Jahren ihres und den achtzig seines Lebens habe ich nur zweiunddreißig Jahre mit ihnen ver-

bracht. Ich weiß fast nichts darüber, wie sie sich kennengelernt haben und wie er um sie warb; ich weiß nicht einmal, in welchem Jahr sie geheiratet haben. Und ich weiß auch nicht, wie sie die letzten elf oder zwölf Jahre ihres Lebens gelebt haben, die Jahre ohne mich. Da ich das nie erfahren werde, ist es wohl das beste, wenn ich annehme, daß das tägliche Leben wie üblich verlief, daß sie vielleicht ohne mich besser dran waren, in zweierlei Hinsicht, einmal finanziell und daß sie sich nicht mehr sorgen mußten, ich könnte wieder inhaftiert werden.

Nur daß ich ihnen in ihrem Alter nicht helfen konnte; nur daß ich nicht dabei war, als sie im Sterben lagen. Ich sage das, nicht so sehr aus einem Schuldgefühl heraus, sondern aus dem egoistischen Wunsch eines Kindes, seine Eltern alle Phasen ihres Lebens hindurch zu begleiten, denn jedes Kind, ganz gleich wie, wiederholt die Lebensreise seiner Eltern. Ich möchte behaupten, daß man letzten Endes von seinen Eltern über seine eigene Zukunft, sein eigenes Altern etwas erfahren will; man will von ihnen auch die allerletzte Lektion erfahren: wie man stirbt. Auch wenn man davon nichts wissen will, weiß man doch, daß man davon lernen kann, wie unabsichtlich auch immer. »Werde ich auch so aussehen, wenn ich alt bin? Ist dieses Herz- oder irgendein anderes Leiden erblich?«

Ich weiß nicht und werde es nie wissen, wie sie sich

während dieser letzten Jahre ihres Lebens fühlten. Wie oft hatten sie Angst, wie oft waren sie vorbereitet zu sterben, wie fühlten sie sich dann, noch mal davongekommen zu sein, und wie schöpften sie dann wieder Hoffnung, wir drei würden noch einmal zusammenkommen. »Sohn«, sagte meine Mutter immer am Telefon, »das einzige, was ich von diesem Leben noch will, ist dich wiedersehen. Das ist das einzige, was mich weitermachen läßt.« Und eine Minute später: »Was hast du vor fünf Minuten gemacht, bevor du angerufen hast?« – »Gerade hab ich abgewaschen.« – »Ah, ja, das ist sehr gut. Eine gute Sache: abwaschen. Manchmal hilft das ungeheuer.«

4 Unsere eineinhalb Zimmer waren Teil eines riesigen Komplexes, ein Drittel eines Blocks, an der Nordseite eines sechsstöckigen Gebäudes, das drei Straßen und einem Platz gegenüberlag. Das Gebäude war eines dieser Trumms von Torten im sogenannten maurischen Stil, in Nordeuropa Kennzeichen der Jahrhundertwende. Baujahr 1903, Geburtsjahr meines Vaters, und es galt als die architektonische Sensation in dem St. Petersburg jener Zeit, und die Achmatowa hat mir einmal erzählt, daß ihre Eltern sie in eine Kutsche gepackt haben, um dieses Wunderwerk zu betrachten. An der Westseite, die an einem der berühmtesten Boulevards der russischen Lite-

ratur lag, dem Litejnyj Prospekt, hatte Alexander Blok einmal eine Wohnung. Und in unserem Komplex wohnte ein Paar, das die vorrevolutionäre russische Literaturszene und auch später in den zwanziger und dreißiger Jahren das intellektuelle Klima der russischen Emigration von Paris bestimmte: Dimitri Mereschkowski und Sinaida Gippius. Und vom Balkon unserer eineinhalb Zimmer hat die larvenhafte Zinka den revolutionären Matrosen Beschimpfungen an die Köpfe gedonnert.

Nach der Revolution, gemäß der Politik des »Dichtmachens« der Bourgeoisie, wurde der Komplex in Stücke aufgeteilt, pro Zimmer eine Familie. Wände wurden zwischen den Zimmern eingezogen, zunächst aus Sperrholz, später, im Lauf der Jahre, haben Bretter, Backsteine und Stuck diese Trennwände in den Status architektonischer Norm erhoben. Sollte es eine Unendlichkeitsvorstellung von Raum geben, dann ist es nicht die seiner Expansion, sondern seiner Reduktion. Schon allein darum, weil die Reduktion des Raumes, seltsam genug, immer kohärenter ist. Sie ist besser strukturiert und hat mehr Namen: Zelle, Wandschrank, Grab. Ausdehnungen haben nur einen großspurigen Gestus.

Minimum einer Unterkunft in der UdSSR sind neun Quadratmeter pro Person. Wir hätten uns glücklich schätzen müssen, denn wegen der Eigenartigkeit unseres Gebäudekomplexes hatten wir zu dritt am Ende ganze vierzig Quadratmeter. Diese Unmäßigkeit hatte auch damit zu tun, daß meine Eltern zwei einzelne Zimmer in anderen Stadtteilen aufgegeben hatten, in denen sie vor ihrer Heirat gewohnt hatten. Dieses Konzept des Wohnungstauschs – oder, noch besser, des Kungelns, wegen der Endgültigkeit solchen Tausches – kann man einem Außenstehenden, einem Fremden nicht verständlich machen. Eigentumsgesetze sind überall obskur, aber manche sind obskurer als andere, besonders wenn der Hauseigentümer der Staat ist. Geld hat damit, zum Beispiel, nichts zu tun, da in einem totalitären Staat Einkommensunterschiede minimal sind – mit anderen Worten, jeder ist so arm wie sein Nächster. Man kauft seine Wohnung nicht; im besten Fall hat man Anspruch auf ein Quadratmeteräquivalent von dem, was man vorher hatte. Wenn ihr zu zweit seid und wollt zusammen wohnen, dann seid ihr dazu berechtigt, die entsprechende Summe an Quadratmetern eurer vorhergehenden Wohnungen zu bekommen. Die Beamten im Bezirkswohnungsamt beschließen, was man bekommt. Bestechung nützt nichts, weil die Hierarchie dieser Beamten schon in sich selbst fürchterlich obskur ist, und ihr erster Impuls ist, dir weniger zu geben. Die Kungelei zieht sich über Jahre hin, und der einzige Verbündete, den man hat, ist Erschöpfung, das heißt, man darf hoffen, die da oben mürbe zu machen, indem man sich weigert, in etwas qualitativ Minderwertigeres zu ziehen als das, was man vorher hatte. Abgesehen vom rein Rechnerischen beruhen ihre Entscheidungen auf einer enormen Mannigfaltigkeit von Überlegungen, die nie gesetzlich festgelegt wurden und mit Alter, Nationalität, Rasse, Beruf, Alter und Geschlecht der Kinder, sozialer und regionaler Herkunft zu tun haben, ganz zu schweigen von dem Eindruck, den einer macht, und so weiter. Nur die Beamten wissen, was gerade frei wird, nur sie beurteilen die Gleichwertigkeit von Wohnungen und können ein paar Quadratmeter hier und da zugeben oder wegnehmen. Und was für einen Unterschied ein paar Quadratmeter ausmachen! Sie schaffen Platz für ein Bücherregal oder, noch besser, für einen Schreibtisch.

Abgesehen von dem Übermaß von dreizehn Quadratme- 5
tern waren wir auch deshalb so glücklich, weil die Gemeinschaftswohnung, in die wir eingezogen waren, sehr klein war. Das heißt, der Teil des Komplexes, der sie ausmachte, hatte sechs Zimmer, die so aufgeteilt waren, daß nur vier Familien Platz hatten. Uns mitgerechnet, waren wir nur elf Personen. Bei Gemeinschaftswohnungen kann es leicht bis zu hundert Bewohnern kommen. Der Durchschnitt aber liegt irgendwo zwischen fünfundzwanzig und fünfzig. Unsere war fast winzig.

Selbstverständlich hatten wir eine gemeinsame Toilette, ein gemeinsames Badezimmer und eine gemeinsame Küche. Aber die Küche war ziemlich geräumig, die Toilette recht anständig und gemütlich. Und das Badezim-

mer: die russischen Hygienegewohnheiten sind so, daß elf Leute sich selten, sei es beim Baden oder beim Wäschewaschen, in die Quere kommen. Die Wäsche hing in den beiden Korridoren, die die Zimmer mit der Küche ver-

banden, und man kannte die Unterwäsche seiner Nachbarn auswendig. Die Nachbarn waren gute Nachbarn, einmal als Individuen und dann, weil alle arbeiteten und somit den größeren Teil des Tages nicht im Haus waren. Von einer Nachbarin abgesehen, hatten sie keine Beziehungen zur Polizei. Aber auch sie, eine gedrungene Frau ohne Taille, Chirurgin in der nahe gelegenen Poliklinik, half einem gelegentlich mit medizinischen Ratschlägen, sprang beim Schlangestehen um ein paar kärgliche Lebensmittel für einen ein, paßte auf die kochende Suppe für einen auf. Wie lautet die Zeile in Frosts *The Star-Splitters?* »For to be social is to be forgiving«?
Trotz all der verabscheuungswürdigen Begleiterscheinungen dieser Art von Existenz hat so eine Gemeinschaftswohnung vielleicht auch ihre versöhnliche Seite. Sie legt das Leben bloß, bis auf den Grund: jedwede Illusion über die menschliche Natur klaut sie dir. An der Lautstärke des Furzes erkennt man, wer auf der Toilette sitzt, und du weißt, was einer zu Abend oder zum Frühstück gegessen hat. Man erkennt ihre Laute im Bett und weiß, wann die Frauen ihre Tage haben. Oft wird dir selbst vom Nachbarn oder der Nachbarin das eigene Leid anvertraut, und oft sind sie es, die den Krankenwagen rufen, falls man eine Angina-Attacke oder was Schlimmeres hat. Und eines Tages finden sie dich tot auf einem Stuhl, falls du allein wohnst, oder umgekehrt.

Was für Sticheleien, was für medizinische oder kulinarische Ratschläge, welche Tips über welche Lebensmittel, die plötzlich in diesem oder jenem Laden erhältlich sind, werden nicht abends in der Gemeinschaftsküche ausgetauscht, wenn die Frauen das Abendessen vorbereiten! Hier erfährt man die wesentlichen Dinge des Lebens mit halbem Ohr und aus dem Augenwinkel. Was für stille Dramen sich da abspielen, wenn jemand mit dem anderen plötzlich nicht mehr spricht! Welche Mimen-Schule ist das! Was für Gefühlstiefen können sich durch ein steifes, empörtes Rückgrat oder ein gefrorenes Profil auftun! Was für Gerüche, Düfte und Odeurs schweben in der Luft um die gelbe Hundert-Watt-Träne, die an einer zopfähnlichen, verhedderten Schnur hängt. Etwas von einem Stammesgemeinschaftsleben hält sich in dieser schwach beleuchteten Höhle, etwas Urrevolutionäres, wenn man so will; und die Töpfe und Pfannen hängen über den Gasherden wie Möchtegern-Tamtams.

Ich erinnere mich an all das nicht aus Gründen der 6
Nostalgie, sondern weil es der Ort ist, an dem meine Mutter ein Viertel ihres Lebens zugebracht hat. Familienleute gehen selten zum Essen aus; in Rußland fast nie. Ich erinnere mich nicht, meine Mutter oder meinen Vater

mir gegenüber an einem Restauranttisch gesehen zu haben oder auch nur in einem Café. Sie konnte am allerbesten kochen, ausgenommen vielleicht Chester Kallman; aber er hatte auch viel mehr Ingredienzen. Ich erinnere mich an sie immer wieder in der Küche, in ihrer Schürze, mit gerötetem Gesicht und der ein wenig beschlagenen Brille, wie sie mich vom Herd scheucht, wenn ich versuche, den einen oder anderen Bissen aus dem Topf zu fischen; ihre Oberlippe glitzernd von Schweiß; ihr kurzes, gestutztes, rotgefärbtes, aber sonst graues Haar, unordentlich gelockt. »Weg da!« schreit sie. »So was von Ungeduld!« Ich werde es nie wieder hören.
Auch werde ich nie wieder erleben, wie die Tür sich öffnet (Wie hat sie das gemacht, denn in beiden Händen hatte sie entweder eine Kasserolle oder zwei große Pfannen? Hat sie sie auf der Klinke abgestellt und ihren Druck genutzt?) und sie hereinrauscht mit unserem Essen/Abendessen/Tee/Nachtisch. Mein Vater las dann die Zeitung, ich bewegte mich nicht weg von meinem Buch, bis mir gesagt wurde, ich dürfe, und sie wußte, daß jede Hilfe, die sie von uns erwartete, sowieso verspätet kam, tölpelhaft wäre. Die Männer ihrer Familie *verstanden* mehr von Höflichkeit, sie zu meistern, war eine andere Sache. Selbst wenn sie Hunger hatten. »Liest du wieder deinen Dos Passos?« bemerkte sie dann, während sie den Tisch deckte. »Und wer liest Turgenjew?« – »Was erwar-

test du von ihm?« tönte mein Vater zurück und faltete die Zeitung. »Faulpelz ist das richtige Wort.«

Wie kommt es, daß ich mich in dieser Szene sehe? Ja, so 7
deutlich, wie ich die beiden sehe. Ich wiederhole, es ist keine Sehnsucht nach meiner Jugend, nach der alten Heimat. Nein, wahrscheinlich ist es so, daß ich jetzt, da sie tot sind, ihr Leben sehe, wie es damals war; und damals schloß ihr Leben mich ein. Sie würden sich an mich genauso erinnern, falls sie jetzt nicht mit Allwissenheit beschenkt wurden und mich gerade jetzt beobachten, wie ich in der Küche einer Wohnung sitze, die ich von meinem College gemietet habe, und dies in einer Sprache schreibe, die sie nicht verstanden, obwohl sie jetzt *pan-glot* sein sollten. Das ist ihre einzige Chance, mich und Amerika zu sehen. Und das ist die einzige Möglichkeit für mich, sie und unsere Zimmer zu sehen.

Unsere Decke war etwa viereinhalb Meter hoch, wenn 8
nicht höher, und mit denselben Stukkaturen im maurischen Stil verziert, die sie zusammen mit den Rissen und Flecken von gelegentlich geplatzten Rohren über uns in eine hochdetaillierte Landkarte von irgendeiner nicht

existierenden Supermacht oder eines Archipels verwandelte. Durch die drei sehr hohen Bogenfenster hätten wir nichts als eine Oberschule auf der anderen Straßenseite sehen können, wäre das Mittelfenster nicht gleichzeitig die Balkontür gewesen. Von diesem Balkon aus konnten wir die ganze Länge der Straße überblicken, deren typisch petersburgische, einwandfreie Perspektive, die mit der Silhouette der Kuppel von der Pantelejmonskirche abschloß, oder – schaute man nach rechts, mit dem großen Platz, in dessen Mitte die Verklärungs-Kathedrale des Preobrashenskij-Regiments Seiner Kaiserlichen Majestät steht.
Als wir in dieses maurische Wunder zogen, war die Straße schon nach Pestel umbenannt, dem hingerichteten Führer der Dekabristen. Ursprünglich aber war sie nach der Kirche benannt, die sich an ihrem äußersten Ende auftürmte: Pantelejmonowskaja. Dort, am äußersten Ende, warf sich die Straße um die Kirche, rannte an die Fontanka, über die Polizeibrücke rüber und führte einen in den Sommergarten. Puschkin wohnte einmal an dieser Straßenecke, und irgendwo in einem Brief an seine Frau sagt er: »Jeden Morgen gehe ich in Nachthemd und Pantoffeln über die Brücke, besonders gern in den Sommergarten. Der ganze Sommergarten ist mein alter Obstgarten ...«
Er wohnte Nummer elf, glaube ich; wir siebenundzwanzig, und das war das Ende der Straße, die in den Kathe-

dralplatz mündete. Aber weil unser Haus da lag, wo sich die Straße mit dem berühmten Litejnyj Prospekt kreuzt, hieß unsere Postadresse: Litejnyj Pr Nr. 24, Apt. 28. Da bekamen wir unsere Post hin. Das schrieb ich auf die an meine Eltern adressierten Umschläge. Ich erwähne das hier nicht, weil es von irgendeiner besonderen Bedeutung ist, sondern weil meine Hand diese Adresse wohl nie wieder schreiben wird.

Seltsamerweise paßte das Mobiliar, das wir hatten, zum 9
Äußeren und Inneren des Gebäudes. Es war so übereifrig in seinen Schwüngen und so monumental wie der Stuckfries an der Fassade oder wie die Paneele und Pilaster, die immer aus den Wänden sprangen, mit Stuckgirlanden irgendwelcher geometrischer Früchte ausstaffiert. Fassade wie Innenverputz waren in einem hellbraunen Kakao-mit-Milch-Ton gehalten. Unsere beiden riesigen, domartigen Kommoden waren dagegen aus schwarzlackierter Eiche; aber sie gehörten zur selben Epoche, zur Jahrhundertwende wie das Haus selbst. Vielleicht waren sie es, die die Nachbarn von allem Anfang an für uns einnahmen, wenn auch ganz unbewußt. Und sie waren es vielleicht, die uns nach kaum einem Jahr glauben ließen, wir hätten da immer gewohnt. Das Gefühl, daß die Kommoden ein Zuhause gefunden hatten, oder anders herum, es gab uns

irgendwie zu verstehen, daß wir uns niedergelassen hatten, daß wir nicht mehr umzuziehen brauchten.
Diese drei Meter hohen, zweistöckigen Kommoden (beim Umzug mußte der Sims oben von dem elefantenfüßigen unteren Teil abgenommen werden) haben fast alles verstaut, was unsere Familie im Laufe ihrer Existenz angehäuft hatte. Die Rolle, die anderswo Keller oder Speicher spielen, übernahmen bei uns die Kommoden. Die diversen Fotoapparate meines Vaters, Entwicklungskrimskrams, die Abzüge, die Fotos selber, Geschirr, Porzellan, Wäsche, Tischdecken, Schuhkartons mit seinen Schuhen, die für ihn zu klein geworden, für mich aber noch zu groß waren, Handwerkszeug, Batterien, seine alten Matrosenkasacks, ein Fernglas, Familienalben, vergilbte Illustriertenbeilagen, die Hüte und Schals meiner Mutter, einige silberne Solinger Rasierklingen, kaputte Taschenlampen, seine militärischen Orden, ihre kunterbunten Kimonos, ihre Briefwechsel, Lorgnons, Fächer, anderer Andenkenkram – all das war in den tiefen Höhlen dieser Kommoden aufbewahrt, und wenn man eine der Türen aufmachte, boten sie einem ein Bouquet aus Mottenkugeln, altem Leder und Staub. Oben auf dem unteren Teil thronten, wie auf einem Kaminsims, zwei Kristallkaraffen mit Likör und eine glasierte Porzellanfigur: zwei beschwipste chinesische Fischer, die an ihrem Fang schleppten. Meine Mutter wischte ihnen den Staub ab, zweimal wöchentlich.

Von heute aus gesehen, könnte man den Kommodeninhalt mit unserem kollektiven Unbewußten vergleichen; damals wäre mir dieser Gedanke nie gekommen. All diese Dinge machten einen Teil des Bewußtseins meiner Eltern aus. Zeugnisse ihrer Erinnerung: an Orte, vergangene Zeiten, die mir voraus waren, an ihre gemeinsame, getrennte Vergangenheit und an ihre eigene Jugend und Kindheit, an eine andere Ära, an fast ein anderes Jahrhundert. Privilegiert als eben dieser Rückblickende möchte ich noch sagen: Erinnerung an ihre Freiheit, weil sie frei geboren und aufgewachsen sind, vor der Zeit, die manch einer *Die Revolution* nennt, die aber für sie, wie für Generationen anderer, Sklaverei bedeutete.

Ich schreibe dies auf englisch, denn ich möchte ihnen 10
einen Raum an Freiheit gewähren, den Raum, dessen Weite von der Zahl derer abhängt, die diesen Text wirklich lesen wollen. Ich möchte, daß Maria Wolpert und Alexander Brodskij in »einem fremden Bewußtseins-Kode« Wirklichkeit werden; ich möchte, daß englische Bewegungsverben ihre Fähigkeiten beschreiben. Das wird sie nicht auferstehen lassen, aber die englische Grammatik könnte sich zumindest als besserer Fluchtweg aus den Schornsteinen des staatlichen Krematoriums erweisen als die russische. Schriebe ich auf russisch über sie, würde

ich ihre Sklaverei nur fördern, ihre Reduktion bis hin zur Bedeutungslosigkeit, die in mechanische Vernichtung mündet. Ich weiß, daß man den Staat nicht mit der Sprache gleichsetzen soll, aber auf russisch ist es passiert, daß

zwei alte Menschen durch zahllose Staatskanzleien und Ministerien schlurften, in der Hoffnung, die Erlaubnis für einen Besuch im Ausland zu bekommen, um vor ihrem Tod ihren einzigen Sohn zu besuchen und (auf russisch) wurde ihnen zwölf Jahre hintereinander wiederholt gesagt, daß der Staat einen derartigen Besuch für »unzweckmäßig« hielte. Gelinde gesagt, die Wiederholung dieses Bescheides beweist eine gewisse Vertrautheit des Staates mit der russischen Sprache. Hinzu kommt: Hätte ich das Ganze auf russisch geschrieben, würden diese Worte das Licht der Welt unter russischem Himmel nicht erblicken. Wer würde sie dann lesen? Eine Handvoll Emigranten, deren Eltern entweder gestorben sind oder unter ähnlichen Umständen sterben werden? Sie kennen diese Geschichte nur allzugut. Sie wissen, wie das ist, wenn Mütter oder Väter im Sterben liegen und sie sie nicht besuchen dürfen; das Schweigen, das ihrem Antrag auf ein Notvisum folgt, um an der Beerdigung eines Verwandten teilzunehmen. Und dann ist es zu spät, und ein Mann oder eine Frau legt den Hörer auf und geht durch die Tür hinaus in den fremden ausländischen Nachmittag mit einem Gefühl, für das die Sprache keine Worte hat und für das kein Schrei ausreichen würde. Was könnte ich ihnen sagen? Wie könnte ich sie trösten? Kein Land hat die Kunst der Seelenzerstörung seiner Bürger so gut beherrscht wie Rußland, und kein Mensch mit einem Stift in der Hand ist darauf aus, die kaputten Seelen zu reparieren, nein, dieser Job ist dem Allmächtigen vorbehalten, dafür nämlich steht ihm all die Zeit zur Verfügung. Soll Englisch meine Toten behausen. Auf russisch will ich lesen, Gedichte oder Briefe schreiben. Aber Maria Wolpert und Alexander Brodskij bietet Englisch eine bessere Garantie für ein Nachleben. Vielleicht die einzige, die es gibt, von mir abgesehen. Und was mich betrifft: In dieser Sprache zu schreiben, ist wie Geschirr abwaschen – es hilft manchmal sehr.

Mein Vater war Journalist – Bildreporter, genauer gesagt, 11
obgleich er auch Artikel schrieb. Da er hauptsächlich für kleine Tageszeitungen arbeitete, die sowieso niemand las, fingen die meisten seiner Artikel so an: »Schwere sturmbeladene Wolken hängen über der Ostsee ...«, weil er darauf baute, daß das Wetter in unseren Breiten einen solchen Anfang mitteilenswert oder bedeutsam machte. Er hatte zwei Hochschulabschlüsse: einen in Geographie an der Leningrader Universität und einen in Publizistik an der »Schule für Roten Journalismus«. Bei den Journalisten hatte er sich immatrikuliert, als man ihm klargemacht hatte, daß es wohl keine Reisechancen gäbe, besonders nicht ins Ausland: für einen Juden, Sohn eines Druckereibesitzers, ein Nichtmitglied der Partei.

Journalismus (zu einem gewissen Grad) und Krieg (beträchtlich) sorgten für Ausgleich. Er hat über ein Sechstel der Erdoberfläche (die übliche quantitative Definition des UdSSR-Territoriums) und über sehr viel Wasser berichtet. Obwohl er der Marine zugeteilt wurde, fing der Krieg für ihn 1940 in Finnland an und hörte 1948 in China auf, wohin er mit einer Gruppe von Militärberatern geschickt worden war, um Mao bei seiner Arbeit zu unterstützen und woher die beschwipsten chinesischen Fischer und das feine Service stammten; das Service, von dem meine Mutter wollte, daß ich es, wenn ich heiratete, kriegen sollte. Inzwischen eskortierte er die alliierten Konvois in die Barentssee, verteidigte und verlor Sewastopol am Schwarzen Meer, schloß sich – nachdem sein Torpedoboot versenkt worden war – der damaligen Marineinfanterie an. Während der Belagerung von Leningrad wurde er an die Leningrader Front geschickt und hat die besten Fotos gemacht, die ich von der Stadt im Belagerungszustand veröffentlicht sah, und beteiligte sich an der Vertreibung der Belagerer. (Dieser Kriegsabschnitt, glaube ich, setzte ihm am meisten zu, weil der Krieg seiner Familie und seinem Haus zu nah war. Dennoch, so nah er war, verlor er seine Wohnung und seine einzige Schwester: an Bomben und an den Hunger.) Später schickte man ihn zurück ans Schwarze Meer, wo er auf der berüchtigten Malaya Semlya landete und da blieb; dann, als die Front nach Westen vorrückte, fuhr er mit dem ersten Kommando von Torpedobooten nach Rumänien, landete dort, und für kurze Zeit war er sogar Militärgouverneur von Constanza. »Wir haben Rumänien befreit«, brüstete er sich manchmal, und anschließend mußte er an seine Begegnungen mit König Michael erinnern: Das war der einzige König, den er je gesehen hatte; Mao, Tschiang Kai-schek, von Stalin ganz zu schweigen, betrachtete er als Emporkömmlinge.

12

Was für krumme Dinger er auch immer in China gedreht hatte, unsere kleine Speisekammer, unsere Kommoden und unsere Wände haben beträchtlich davon profitiert. Was für Kunstwerke auch an den Wänden prangten, sie kamen aus China: die Kork- und Aquarell-Bilder, die Samurai-Schwerter, die kleinen Seidensiebdrucke. Die beschwipsten Fischer waren die Überbleibsel der fröhlichen Porzellan-Bevölkerung; Puppen und huttragende Pinguine verschwanden nur ganz allmählich, Opfer unachtsamer Bewegungen oder des Mangels an Geburtstagsgeschenken für die verschiedensten Verwandten. Die Schwerter, die ein normaler Bürger als potentielle Waffen nicht zu besitzen hatte, mußten in staatliche Sammlungen abwandern. Eine vernünftige Vorsichtsmaßnahme im Hinblick auf die anschließenden Polizeiinvasionen, die ich über unsere eineinhalb Zimmer brachte. Was das Service betraf – erstaunlich edel, selbst für mein ungeübtes Auge –, so wollte meine Mutter nicht eine einzige schöne Untertasse auf *unseren* Tisch lassen. »Die sind nichts für Schlamper«, erklärte sie uns in aller Geduld. »Und ihr seid Schlamper. Ihr seid richtig schlampige Schlamper.« Übrigens war das Geschirr, das wir benutzten, elegant genug und gleichzeitig robust.

Ich erinnere mich an einen dunklen, kalten Novemberabend 1948 in dem kleinen Sechzehn-Quadratmeter-Zimmer, das meine Mutter und ich während des Kriegs und gleich danach bewohnten. An diesem Abend kam Vater aus China zurück. Ich erinnere mich, wie es schellte und meine Mutter und ich auf den schwach beleuchteten Flur stürzten, der plötzlich schwarz von Marineuniformen war: mein Vater, sein Freund und Kollege, Kapitän F. M., und ein Haufen Marinesoldaten füllten den Korridor. Sie trugen drei gigantische Kisten herein, ihre Chinabeute, die auf allen vier Seiten mit tintenfischähnlichen chinesischen Schriftzeichen beschmiert waren. Und dann, später, wie Kapitän F. M. und ich am Tisch sitzen, während mein Vater die Kisten auspackt und meine Mutter in ihrem gelb-rosa Crêpe-de-Chine-Kleid mit hochhackigen Schuhen die Hände faltet und ausstößt: »Ach! Oh, wunderbar!« – auf deutsch, in der Sprache ihrer lettischen Kindheit und ihrer damaligen Tätigkeit – Dolmetscherin in einem Lager für deutsche Kriegsgefangene – und wie Kapitän F. M., ein sehr großer, drahtiger Mann, in seinem dunkelblauen, aufgeknöpften Kasack sich ein Gläschen aus der Karaffe eingießt und mir wie einem Erwachsenen zuzwinkert. Die Gürtel mit den Koppelschlössern und gehalfterten Parabellums liegen auf dem Fensterbrett, meine Mutter ringt beim Anblick eines Kimonos nach Luft. Der Krieg ist aus, es ist Frieden, ich bin zu klein, um zurückzuzwinkern.

13

Jetzt bin ich genauso alt wie mein Vater an jenem Novemberabend. Ich bin fünfundvierzig, und noch einmal sehe ich die Szene mit einer unnatürlichen, hochgradig scharfen Optik, obgleich alle, außer mir, die dabei waren, tot sind. Ich sehe die Szene so klar, daß ich Kapitän F. M. zurückzwinkern kann ... Hat es so sein sollen? Liegt in diesem Zuzwinkern über einen Zeitraum von fast vierzig Jahren eine Bedeutung, die sich mir entzieht? Ist es das, worum es im Leben geht? Wenn nicht, warum diese Klarheit, wozu ist sie da? Die einzige Antwort, die mir einfällt, ist: Damit dieser Augenblick existiert, damit er nicht vergessen wird, wenn die Darsteller einmal abgetreten sind, einschließlich mir. Vielleicht versteht man so, wie kostbar sie war: die Ankunft des Friedens. In einer Familie. Und überdies soll klarwerden, was Augenblicke *sind*. Und laß sie nur die Rückkehr eines Vaters, das Öffnen einer Kiste sein. Daher diese faszinierende Klarheit. Oder vielleicht ist es so, daß einer als Sohn eines Foto-

grafen die Erinnerung als Film entwickelt. Aufgenommen mit deinen Augen, vor beinahe vierzig Jahren. Deshalb konntest du damals nicht zurückzwinkern.

14

Mein Vater trug die Marineuniform noch ungefähr zwei Jahre. Und in dieser Zeit fing meine Kindheit erst richtig an. Er war Offizier der Fotografie-Abteilung des Marine-museums, das sich im schönsten Gebäude der ganzen

nen, abstrakten Ideals, nicht weniger präzise als die bronzeeingefaßten Astrolabien, Kompasse, Kompaßgehäuse und Sextanten, die überall glitzerten. Sie konnten den Platz eines Menschen unter den Sternen mit einer geringeren Fehlerquote berechnen als ihre Meister! Und man konnte sich nur wünschen, sie könnten auch über menschliche Wellen herrschen; lieber der Unnachgiebigkeit ihrer Trigonometrie ausgesetzt sein als einer schäbigen Planimetrie von Ideologen, lieber die Ausgeburt einer Vision sein, einer Fata Morgana, als ein Partikel der Realität. Bis heute denke ich, daß das Land verdammt viel besser dran wäre, wenn es für seine Nationalflagge nicht diesen widerlichen doppelköpfigen kaiserlichen Vogel oder dieses verschwommene freimaurerische Hammer-und-Sichel-Emblem hätte, sondern die Fahne der russischen Marine: unsere herrliche, unvergleich schöne Fahne vom heiligen Andreas: das diagonale blaue Kreuz auf jungfräulich weißem Grund.

15 Auf dem Weg nach Hause gingen mein Vater und ich dann rasch in ein paar Geschäfte, um etwas zum Essen oder Fotografiermaterial (Filme, Chemikalien, Papier) zu besorgen und in Schaufenster zu gucken. Wenn wir ins Zentrum der Stadt kamen, erklärte er mir die Geschichte dieser oder jener Fassade, erzählte, was vor dem Krieg

oder vor 1917 da und dort gestanden hatte, wer der Architekt war, wer der Besitzer, wer der Bewohner, was mit ihnen passiert war und, seiner Meinung nach, warum. Dieser nahezu zwei Meter große Marinekommandant wußte ziemlich viel vom zivilen Leben, und nach und nach fing ich an, seine Uniform für eine Verkleidung zu halten; genauer gesagt, der Gedanke der Unterscheidung von Form und Inhalt begann in meinem Schuljungenkopf Wurzeln zu schlagen. Seine Uniform hatte mit dieser Wirkung nicht weniger zu tun als die gegenwärtige Bedeutung der Fassaden, auf die er zeigte. Auf meinen Schuljungenverstand wirkte diese Unvereinbarkeit, selbstverständlich, wie eine Aufforderung zur Lüge (nicht daß ich eine brauchte); tief drinnen aber, glaube ich, habe ich so das Prinzip des Immer-den-Schein-Wahrens gelernt, ganz gleich, was sich im Inneren abspielte.

In Rußland tragen die Militärs selten, nicht mal zu Hause, Zivil. Zum Teil ist es ein Problem der Garderobe, die nie zu reichlich ist; hauptsächlich aber hat das mit dem Autoritätsbegriff zu tun, den man mit der Uniform und folglich mit der gesellschaftlichen Stellung assoziiert. Besonders wenn einer Offizier ist. Sogar die Ausgemusterten und Pensionierten neigen dazu, das eine oder andere Stück ihrer Militärkleidung ziemlich lange zu Hause und in der Öffentlichkeit zu tragen: einen Kasack ohne Achselstücke, hohe Stiefel, eine Militärmütze, Mantel, um jedermann (und sich selber) den Grad der Zugehörigkeit zu beweisen: denn einmal im Dienst, immer im Dienst. Wie beim protestantischen Klerus in dieser Gegend, und bei den Marinemitgliedern stimmt dieser Vergleich um so mehr: wegen des weißen Unterkragens.

Wir hatten jede Menge Unterkragen, aus Plastik und aus Baumwolle, in der oberen Schublade der Kommode; Jahre danach, als ich in der siebten Klasse war und in der Schule Uniformen eingeführt wurden, hat meine Mutter sie zu Stehkragen meines rattengrauen Kasacks umgenäht. Denn auch diese Uniform war halbmilitärisch: Kasack, Gürtel mit Schnalle, passende Hose, Mütze mit lackiertem Schirm. Je früher man sich als Soldat betrachtet, desto besser für das System. Mir war das recht, aber ich mochte die Farbe nicht, die an Infanterie oder, noch schlimmer, an die Polizei erinnerte. Sie paßte ganz und gar nicht zu dem pechschwarzen Mantel meines Vaters mit zwei Reihen gelber Knöpfe, die an eine nächtliche Allee denken ließen. Und wenn er den Mantel aufknöpfte, konnte ich darunter den dunkelblauen Kasack mit noch einer Reihe der gleichen Knöpfe sehen: eine schwach beleuchtete Straße am Abend. »Eine Straße inmitten einer Allee« – das fiel mir zu meinem Vater ein, wenn ich ihn schräg von der Seite anschaute auf dem Weg vom Museum nach Hause.

In meinem Garten hier in South Hadley gibt es zwei 16
Krähen. Sie sind ziemlich groß, haben fast Rabengröße, und sie sind das erste, was ich sehe, immer wenn ich nach Hause komme oder wegfahre. Sie erschienen hier, eine nach der anderen: die erste vor zwei Jahren, als meine Mutter starb; die zweite letztes Jahr, gerade nachdem mein Vater gestorben war. Jedenfalls habe ich damals ihre Anwesenheit bemerkt. Jetzt tauchen sie immer zusammen auf oder flattern zusammen weg, und für Krähen sind sie zu schweigsam. Ich versuche, sie nicht zu sehen; mindestens versuche ich, ihnen nicht zuzusehen. Aber ich habe bemerkt, daß sie sich gerne im Kiefernwäldchen aufhalten, das am Ende meines Gartens anfängt und nach einer Viertelmeile auf eine Wiese abfällt, die bis an eine kleine Schlucht reicht, an deren Rändern Felsbrocken liegen. Ich gehe nie mehr dorthin, weil ich befürchten muß, die Krähen zu sehen, wie sie in der Sonne auf den zwei Felsbrocken dösen. Auch habe ich nicht versucht, ihr Nest ausfindig zu machen. Sie sind schwarz, aber ich habe bemerkt, daß die Innenseite ihrer Flügel die Farbe nasser Asche hat. Nur wenn es regnet, sehe ich sie nicht.

1950, glaube ich, wurde mein Vater gemäß irgendeiner 17
Politbüro-Verfügung ausgemustert: Menschen jüdischer

Abstammung durften keine hohen militärischen Ränge bekleiden. Die Verfügung kam, wenn ich mich nicht irre, von Andrej Shdanow, der damals für die ideologische Überwachung der Streitkräfte verantwortlich zeichnete. Zu dieser Zeit war mein Vater schon siebenundvierzig Jahre alt und mußte, so wie die Dinge standen, sein Leben neu ordnen. Er entschied, sich wieder dem Journalismus zuzuwenden, als Fotoreporter. Um dies tun zu können, mußte er wiederum von einer Zeitschrift oder Zeitung angestellt werden. Und das war, wie sich zeigte, recht schwierig: Die fünfziger Jahre waren schlimme Jahre für die Juden. Die Kampagne gegen die »wurzellosen Kosmopoliten« war voll im Schwung. 1953 hatten wir dann »die Ärzte-Verschwörung«, die deshalb nicht in dem üblichen Blutbad endete, weil der Anstifter, Genosse Stalin höchstpersönlich, auf dem Kulminationspunkt ganz plötzlich abkratzte. Aber lange zuvor und noch lange danach war die Luft voller Gerüchte über die geplanten Vergeltungsmaßnahmen des Politbüros gegen die Juden, von der Umsiedlung all dieser »Paragraph-fünf«-Kreaturen nach Ostsibirien, unweit der chinesischen Grenze, in eine Gegend, die Birobidshan heißt. Es zirkulierte sogar ein Brief, den die prominentesten »Paragraph-fünf«-Personen unterzeichnet hatten – Schachweltmeister, Komponisten und Schriftsteller –, mit der Bitte an das Zentralkomitee der Partei und an den Genossen Stalin persönlich, uns, den Juden, zu erlauben, den großen Schaden, den wir dem russischen Volk angetan hatten, durch Schwerstarbeit in abgelegenen Teilen der Union zu verbüßen. Der Brief hätte jeden Tag in der *Prawda* erscheinen sollen als Vorwand für unsere Deportation.

Was hingegen in der *Prawda* erschien, war die Bekanntmachung von Stalins Tod; obwohl wir zu der Zeit zu reisen bereit waren und schon unser Klavier verkauft hatten, auf dem in der Familie sowieso keiner spielen konnte – trotz des entfernten Verwandten, den meine Mutter gebeten hatte, mir Privatstunden zu geben: ich hatte absolut keine Begabung, schon gar keine fürs Geduldigsein. Jedenfalls waren in jener Atmosphäre die Aussichten für einen Juden und ein Nicht-Parteimitglied düster, bei einer Zeitschrift oder Zeitung angestellt zu werden; also machte mein Vater sich aus dem Staub.

Einige Jahre arbeitete er freiberuflich rundum im ganzen Land, mit einem Vertrag für die Allunionslandwirtschaftsausstellung. Auf diese Weise geschahen ab und zu einige Wunder auf unserem Tisch: vier Pfund schwere Tomaten oder Apfel-Birnen-Hybriden; nur der Lohn war weniger als kärglich, und wir drei mußten allein von dem Gehalt meiner Mutter existieren, das sie als Schriftführerin im Kreisentwicklungsrat verdiente. Dies waren unsere magersten Jahre, und damals fingen meine Eltern an, krank zu werden. Trotzdem sah mein Vater wie er selbst aus, gesellig, und häufig nahm er mich mit in die Stadt, um seine Kumpels von der Marine zu treffen, die jetzt einen Yachtklub leiteten, alte Werften versahen, Jugendliche ausbildeten. Es gab eine ganze Menge davon, und sie freuten sich nach wie vor, ihn zu sehen (tatsächlich bin ich keinem begegnet, weder Mann noch Frau, der irgend etwas gegen ihn hatte). Einer von ihnen, Chefredakteur der Zeitung der regionalen Geschäftsstelle der Handelsmarine, ein Jude mit einem russisch klingenden Namen, hat ihn schließlich angestellt, und bis mein Vater in Pension ging, arbeitete er für dieses Blatt im Hafen von Leningrad.

Es sieht so aus, als habe er die meiste Zeit seines Lebens auf den Beinen verbracht (»Reporter leben von ihren Pfoten wie die Wölfe«, sagte er häufig), zwischen Schiffen, Matrosen, Kapitänen, Kränen und Frachtgut. Den Hintergrund bildeten immer die gekräuselte Zinkfläche des Wassers, Masten, der schwarze metallene Koloß eines Achterschiffes, auf dem einige erste oder letzte Buchstaben des Heimathafens in weißer Farbe zu lesen waren. Außer im Winter trug er immer seine schwarze Marinemütze mit dem lackierten Schirm. Er war gern in der Nähe des Wassers, er liebte das Meer. In diesem Land ist man am Meer der Freiheit am nächsten. Das Meer anzuschauen, reicht manchmal schon aus, und er schaute es an und fotografierte es, die längste Zeit seines Lebens.

18

Jedes Kind sehnt sich, in unterschiedlichem Maße, danach, erwachsen zu sein und von zu Hause wegzugehen, raus aus dem bedrückenden Nest. Raus! Ins wirkliche Leben! In die weite Welt. In ein eigenes Leben.

Mit der Zeit geht der Wunsch in Erfüllung. Und eine Zeitlang ist es vollkommen beschäftigt mit dem Bau eines eigenen Nestes, mit der Bewerkstelligung seiner eigenen Realität.

Und dann, eines Tages, wenn es Herr der neuen Realität ist, wenn seine Vorstellungen verwirklicht sind, stellt es plötzlich fest, daß sein altes Nest weg ist, daß die, die ihm das Leben geschenkt haben, tot sind.

An diesem Tag empfindet es sich plötzlich als Wirkung ohne Ursache. Die Ungeheuerlichkeit des Verlusts macht den Verlust selbst unfaßlich. Sein Verstand, ganz nackt durch diesen Verlust, wird kleiner und kleiner und macht dadurch das Ausmaß des Verlustes immer größer.

Das Kind erkennt, daß seine jugendliche Suche nach dem »wirklichen Leben«, sein Abschied von dem Nest, das Nest schutzlos zurückgelassen hat. Schlimm genug; und doch, es kann der Natur die Schuld zuschieben.

Wofür es die Natur hingegen nicht beschuldigen kann, ist die Entdeckung, daß sein eigenes Werk, die selbsterschaffene Realität, weniger Wert hat als die Realität des Nestes, das es verlassen hat, und wenn es je etwas Reales

in seinem Leben gegeben hat, so war es gerade jenes Nest, bedrückend und eng, aus dem es so furchtbar gern flüchten wollte. Denn es wurde von *anderen* aufgebaut, von denen, die ihm das Leben geschenkt haben, und

nicht von ihm selbst, das den wahren Wert seiner eigenen Arbeit nur allzugut kennt, das Kind, das sozusagen das geschenkte Leben nur *benutzt*.

Es versteht, wie eigenwillig, wie beabsichtigt und wie

vorbedacht alles ist, was es hergestellt hat. Und daß am Ende doch alles provisorisch bleibt. Und selbst wenn es bestehenbleibt, kann es dies im besten Fall als Beweis seiner Geschicklichkeit nutzen und sich damit aufspielen.

Doch trotz all seiner Geschicklichkeit wird es nie in der Lage sein, jenes primitive, starke Nest wiederherzustellen, das den ersten Schrei seines Lebens gehört hat. Auch kann es diejenigen nicht wiederbeleben, die es da hineingelegt haben. In Wirklichkeit kann es seine »Ursache« nicht wiederherstellen.

19 Das größte Stück unseres Mobiliars – oder besser das, welches den meisten Platz belagerte – war das Bett meiner Eltern, dem ich, glaube ich, mein Leben verdanke. Es war eine große Doppelbett-Angelegenheit, deren Schnitzerei wiederum einigermaßen zu dem übrigen Mobiliar paßte, in moderner Manier allerdings, Pflanzenmotiv, versteht sich, aber die Ausführung schwankte irgendwo zwischen Jugendstil und der kommerziellen Variante des Konstruktivismus. Dieses Bett war der ganze Stolz meiner Mutter, weil sie es 1935, bevor sie und mein Vater heirateten, in irgendeinem zweitrangigen Tischlerladen aufgetan und sehr billig erworben hatte, dazu eine passende Frisierkommode mit drei Spiegeln. Der Hauptteil

unseres Lebens spielte sich um dieses kurzbeinige Bett herum ab, und die Entscheidungen von äußerster familiärer Tragweite wurden nicht getroffen, wenn wir alle drei um den Tisch versammelt waren, sondern wenn wir auf dieser riesigen Fläche saßen, ich selbst meinen Eltern zu Füßen.

Für russische Verhältnisse war dieses Bett ein reiner Luxus. Oft habe ich gedacht, daß just dieses Bett meinen Vater überzeugt hat, sich zu verheiraten, weil er nichts auf der Welt lieber tat, als darin zu verweilen. Auch wenn er und meine Mutter in die erbittertsten Wortwechsel verwickelt waren, meistens zum Thema Haushaltsgeld (»Du bist geil darauf, unser ganzes Geld beim Lebensmittelhändler abzuladen!« schallte seine ungehaltene Stimme über die Bücherregale, die mein »halbes« von ihrem »Zimmer« trennten. »Ich bin vergiftet, vergiftet von den dreißig Jahren deiner Knickrigkeit!« antwortete meine Mutter), selbst dann zögerte er, das Bett zu verlassen, besonders am Morgen. Verschiedene Leute boten uns sehr viel Geld für das Bett, das in der Tat viel zuviel Platz in unserer Wohnung einnahm. Aber ganz gleich, wie illiquide wir waren, diese Möglichkeit kam für meine Eltern nie in Betracht. Das Bett war eindeutig ein Exzeß, und ich glaube, gerade deswegen hat es ihnen so gefallen.

Ich erinnere mich, wie sie darin schliefen, auf der Seite, die Rücken gegeneinander gekehrt, eine Kluft von zerkrumpelten Bettdecken dazwischen. Ich erinnere mich, wie sie da beim Lesen, Reden, Pillennehmen, beim Kampf gegen die eine oder andere Krankheit lagen. In meinen Augen umrahmte sie das Bett in ihren sichersten und hilflosesten Augenblicken.

Es war ihr absolut privates Lager, ihre entlegene Insel, ihr eigener, unantastbarer, abgesehen von mir, Platz im Universum. Wo immer es jetzt steht, es steht als Vakuum in der Weltordnung. Ein Zwei-Meter-mal-zwei-Meter-sechzig-Vakuum. Es war aus hellbraunem, poliertem Ahorn, und es hat nie geknarrt.

20 Meine Hälfte war mit ihrem Zimmer durch zwei große Bögen, fast Deckenhöhe, verbunden, die ich ständig mit verschiedenen Kombinationen von Bücherregalen und Koffern zu füllen versuchte, um einen gewissen Grad von Privatheit zu schaffen. Man kann nur von Graden reden, weil Höhe und Breite dieser beiden Bögen, mitsamt der maurischen Ausgestaltung des oberen Randes, jeden Gedanken an vollkommenen Erfolg ausschlossen. Natürlich hätte man sie mit Backsteinen ausfüllen oder mit Brettern verkleiden können. Aber das war gesetzwidrig, denn es wäre darauf hinausgelaufen, daß wir zwei statt der eineinhalb Zimmer gehabt hätten, zu denen wir laut Bezirkswohnungsamtsweisung nicht berechtigt waren.

Abgesehen von den ziemlich häufigen Kontrollen durch unseren Gebäudewart, hätten uns die Nachbarn, ganz gleich, wie gut wir miteinander auskamen, im Nu den zuständigen Behörden gemeldet.
Man mußte eine lindernde Lösung entwerfen, und damit war ich seit meinem fünfzehnten Lebensjahr beschäftigt. Ich habe alle Sorten von schwachsinnigen Arrangements ausprobiert und habe einmal sogar erwogen, ein vier Meter hohes Aquarium einzubauen, mit einer Tür in der Mitte, die meine Hälfte mit dem Zimmer verbinden sollte. Versteht sich, diese architektonische Meisterleistung überstieg meinen Horizont. Die Lösung war dann, immer mehr Bücherregale auf meiner Seite und mehr und dazu dickere Schichten von Vorhängen auf der Seite meiner Eltern. Selbstverständlich hat ihnen weder die Lösung noch die Art des Problems an sich gefallen.
Mädchen und Freunde nahmen zahlenmäßig langsamer zu als die Bücher: Außerdem, Bücher waren da, um zu bleiben. Wir hatten zwei Schränke mit lebensgroßen, in die Türen eingebauten Spiegeln. Ansonsten waren die Schränke durchschnittlich. Aber ziemlich groß waren sie und haben schon mal die Hälfte ihrer Aufgabe erledigt; um sie herum und darüber habe ich die Regale gebaut und nur eine enge Lücke freigelassen, durch die meine Eltern sich in meine Hälfte zwängen konnten und umgekehrt. Mein Vater war entschieden gegen dieses Arrange-

ment, zumal er seine Dunkelkammer am hintersten Ende meiner Hälfte eingerichtet hatte, wo er entwickelte und Abzüge machte, das heißt, wo der große Teil unseres Lebensunterhalts herkam.

An diesem Ende meiner Hälfte war eine Tür. Wenn mein Vater nicht in seiner Dunkelkammer arbeitete, benutzte ich die Tür zum Kommen und Gehen. »Um euch nicht zu stören«, sagte ich meinen Eltern, aber eigentlich wollte ich ihrer Musterung entkommen und der Unumgänglichkeit, ihnen meine Gäste vorstellen zu müssen oder umgekehrt. Zur Verschleierung dieser Art von Besuchen hatte ich ein elektrisches Grammophon, und ganz allmählich wuchs der Haß meiner Eltern auf J. S. Bach.

Viel später, als Bücher und das Bedürfnis nach Privatleben aufregend zunahmen, teilte ich meine Hälfte weiter auf, und ich plazierte jene Schränke so, daß sie mein Bett und meinen Schreibtisch von der Dunkelkammer trennten. Zwischen die beiden zwängte ich einen dritten Schrank, der sich im Gang rumtrieb. Die Rückwand riß ich raus, die Tür ließ ich unangetastet. Das Ergebnis war, daß ein Gast meinen »Lebensraum« durch zwei Türen und einen Vorhang betreten mußte. Die erste Tür war die, die auf den Korridor führte, dann war man in die Dunkelkammer meines Vaters versetzt und mußte den Vorhang wegschieben; daraufhin hatte man die Tür des ehemaligen Schranks zu öffnen. Oben auf den Schränken stapelte ich sämtliche Koffer, die wir besaßen. Es waren viele, doch reichten sie nie bis an die Decke. Der Endeffekt glich einer Barrikade; dahinter aber fühlte sich der Gassenjunge sicher, und eine Marianne konnte mehr als nur ihre Brust entblößen.

21

Der düstere Blick, den meine Mutter und mein Vater auf diese Umgestaltung warfen, hellte sich etwas auf, als sie das Geklapper meiner Schreibmaschine hinter der Barrikade zu hören begannen. Die Vorhänge dämpften es beträchtlich, aber nicht vollständig. Die Schreibmaschine mit russischer Tastatur gehörte auch zur China-Beute meines Vaters, aber er hatte kaum damit gerechnet, daß sein Sohn sie benutzen würde. Sie stand auf meinem Schreibtisch, in die Nische geklemmt, die durch die Tür, die einmal unsere eineinhalb Zimmer mit dem übrigen Komplex verbunden hatte, aus Backsteinen entstanden war. Damals kamen mir die zusätzlichen dreißig Zentimeter sehr zustatten: Da meine Nachbarn ihr Klavier auf der anderen Seite der Tür aufgestellt hatten, mußte auf meiner Seite gegen die Klimperei der Tochter ein Hängeregal als Befestigung dienen, das auf meinem Schreibtisch aufsaß und genau in die Nische paßte.
Zwei Spiegelschränke und dazwischen ein Durchgang,

auf der anderen Seite das hohe, zugehängte Fenster mit dem Fensterbrett, genau sechzig Zentimeter über meiner ziemlich geräumigen braunen kissenlosen Couch; der Bogen dahinter bis zum maurischen Rand mit Bücherregalen gefüllt; das nischefüllende Bücherregal und mein Schreibtisch mit der »Royal Underwood« vor der Nase – das war mein »Lebensraum«. Meine Mutter hielt ihn sauber, mein Vater durchquerte ihn, wenn er in seine Dunkelkammer ging oder von da zurück wollte; ab und zu kamen sie herein, um nach einem verbalen Scharmützel in meinem abgewetzten, aber tiefen Sessel Zuflucht zu suchen. Im übrigen aber gehörten diese zehn Quadratmeter mir, und sie waren die besten zehn Quadratmeter, die ich überhaupt gekannt habe. Wenn Raum seine spezifische Vorstellungskraft und seine eigene Ausstrahlung hat, so besteht die Chance, daß einige dieser Quadratmeter sich liebevoll an mich erinnern. Jetzt besonders, unter anderen Füßen.

22 Ich glaube gern, daß die Auflösung von Bindungen für Russen schwieriger zu akzeptieren ist als für andere. Wir sind schließlich ein sehr seßhaftes Volk, seßhafter noch als die anderen Kontinentaleuropäer (die Deutschen oder Franzosen), die viel mehr herumziehen, nur weil sie Autos haben, aber so gut wie keine Grenzen. Für uns

ist die Wohnung lebenslänglich, die Stadt lebenslänglich, das Land lebenslänglich. Somit sind die Vorstellungen von Beständigkeit stärker, das Gefühl für Verlust ebenso. Immerhin, ein Volk, das in einem halben Jahrhundert fast sechzig Millionen Seelen (das schließt die im Krieg getöteten zwanzig Millionen ein) an den fleischfressenden Staat verloren hat, ist sicher fähig, sein Gefühl für Stabilität noch zu steigern. Schon deshalb, weil dieser Verlust zum Wohle des Status quo erduldet wurde.

Denkt man darüber länger nach, so heißt das nicht unbedingt, daß man der psychologischen Veranlagung seiner Heimat entsprechen will. Vielleicht ist für diesen Erguß genau das Gegenteil verantwortlich: die Unvereinbarkeit der Gegenwart mit dem Gedächtnis. Die Erinnerung, denke ich, spiegelt die Qualität der Realität ebenso wider wie utopisches Denken. Die Realität, in der ich lebe, bietet keinerlei Verbindung, keine Entsprechung zu den eineinhalb Zimmern und seinen beiden, nunmehr nicht existierenden Bewohnern auf der anderen Seite des Ozeans. In Alternativen gesprochen: Nichts ist so drastisch entfernt wie der Ort, an dem ich lebe. Der Unterschied ist wie der zwischen zwei Hemisphären, zwischen Tag und Nacht, zwischen Stadt und Land, zwischen den Toten und den Lebenden. Die einzigen Punkte, die sie miteinander gemein haben, ist meine Gestalt und

meine Schreibmaschine. Von einer anderen Firma und mit einer anderen Schrifttype.

Ich denke, wäre ich mit meinen Eltern während der letzten zwölf Jahre ihres Lebens zusammen gewesen, wäre

ich dabei gewesen, als sie im Sterben lagen, dann wäre der Kontrast zwischen Tag und Nacht oder zwischen einer Straße in einer russischen Stadt und einem amerikanischen Feldweg nicht so kraß: Der Ansturm der Erinnerung würde dem utopischen Denken Platz einräumen. Der schiere Verschleiß hätte die Sinne hinreichend abgestumpft, um die Tragödie als etwas Natürliches zu empfinden und sie auf natürliche Weise hinter sich zu lassen. Es gibt hingegen wenig, was nutzloser ist, als rückblickend seine Entscheidungen abzuwägen; so wie das Gute an einer kunstvollen Tragödie ist, daß sie einen zwingt, auf Kunst zu achten. Die armen Leute wollen alles zu irgendwas gebrauchen. Ich gebrauche mein Schuldbewußtsein.

23 Ein Gefühl, das leicht zu beherrschen ist. Schließlich fühlt sich jedes Kind seinen Eltern gegenüber schuldig, weil es irgendwie weiß, daß sie vor ihm sterben werden. Was es also braucht, um sein Schuldbewußtsein zu erleichtern, ist, daß sie auf natürliche Weise sterben: an einer Krankheit, am Alter oder an beidem. Dennoch, kann man diese Art von Rückzieher auch auf den Tod eines Sklaven anwenden? Auf einen, der frei geboren wurde, dessen Freiheit aber kastriert wurde.

Ich enge diese Definition eines Sklaven weder aus akademischen Gründen, noch aus Mangel an Großzügigkeit ein. Ich nehme gerne ab, daß ein in Sklaverei geborener Mensch etwas von Freiheit weiß, genetisch oder intellektuell: durch Lesen oder ganz einfach vom Hörensagen.

Nur muß ich hinzufügen, daß sein genetisches Streben nach Freiheit, wie alles Streben, zu einem gewissen Grad inkohärent ist. Denn es ist nicht die wirkliche Erinnerung seines Verstandes oder seiner Gliedmaßen. Das ist der Grund für die Grausamkeit und ziellose Gewalt so vieler Revolten. Das ist auch der Grund für ihre Niederlagen, alias Tyranneien. Der Tod könnte einem Sklaven oder seinen Verwandten als Befreiung vorkommen (der berühmte Martin Luther King-Ausruf. »Frei! Frei! Endlich frei!«).

Nur, wie steht es mit einem, der frei geboren wurde, aber als Sklave stirbt? Würde er oder sie – die kirchliche Vorstellung einmal ausgelassen – den Tod als Trost empfinden? Na ja, vielleicht. Wahrscheinlicher aber ist, daß sie ihn als die allerletzte Beleidigung betrachten, als eine endgültige, unwiderrufliche Freiheitsberaubung. Das denken ihre Verwandten oder ihr Kind, und genau das ist es auch. Die letzte Diebestat.

Ich erinnere mich, wie meine Mutter einmal ausging, um eine Eisenbahnkarte in den Süden zu kaufen, zum Thermalwasser-Sanatorium. Nach zwei Jahren im Bezirksamt für Entwicklung hatte sie ihre einundzwanzig Tage Urlaub, und sie fuhr in dieses Sanatorium wegen ihrer Leber (sie hat nie erfahren, daß es Krebs war). Am städtischen Fahrkartenschalter, in der langen Schlange, wo sie schon drei Stunden zugebracht hatte, stellte sie fest, daß man ihr das Geld für die Fahrkarte, vierhundert Rubel, gestohlen hatte. Sie war untröstlich. Sie kam nach Hause und stand in unserer Gemeinschaftsküche und weinte und weinte. Ich führte sie in unsere eineinhalb Zimmer; sie lag auf dem Bett und weinte weiter. Ich erinnere mich deshalb daran, weil sie nie geweint hat, außer bei Beerdigungen.

24 Schließlich brachten mein Vater und ich das Geld zusammen, und sie fuhr in das Sanatorium. Aber, sie hatte gar nicht über das verlorene Geld geweint … Tränen waren eine Seltenheit in unserer Familie; das gilt in gewissem Maße für ganz Rußland. »Behalt deine Tränen für ernstere Angelegenheiten«, sagte sie zu mir, als ich klein war. Und ich fürchte, dies ist mir besser gelungen, als sie es von mir erwartet hat.

Ich vermute, es würde ihr auch nicht gefallen, daß ich all das hier schreibe. Und meinem Vater schon gar nicht. Er war ein stolzer Mann. Sobald sich ihm irgend etwas Verwerfliches oder etwas Abscheuliches näherte, setzte er eine saure, aber gleichzeitig herausfordernde Miene auf. Es war, als ob er zu etwas sagte: »Versuch's mal!«, obwohl er schon von weitem wußte, daß es stärker war als er. »Was sonst hast du von diesem Saukerl erwartet?« bemerkte er bei solchen Gelegenheiten, eine Bemerkung, mit der er seine Unterwerfung anzeigte.

Das war keine Stoizismus-Variante. Für Posen und Philosophien hatte man keinen Platz; die damalige Realität, die jede Überzeugung oder jeden Skrupel erledigte, indem sie die Unterwerfung unter die Summe ihrer Gegenteile ordnete, ließ das nicht zu. Nur die, die nicht aus den Lagern zurückgekommen waren, könnten für sich Intransigenz in Anspruch nehmen; die, die zurückgekehrt sind, waren ganz genauso beugbar wie alle anderen. Aber doch, Zynismus war das auch nicht. Es war einfach der Versuch, seinen Rücken in einer Lage vollkommener Würdelosigkeit geradezuhalten; die Augen offenzuhalten. Deshalb kamen Tränen gar nicht in Frage.

Die Männer jener Generation waren Entweder/Oder- 25
Männer. Ihren Kindern, die viel geschickter bei den Transaktionen mit ihrem Gewissen waren (gelegentlich von Vorteil), kamen diese Männer oft wie Einfaltspinsel vor. Wie gesagt, übertrieben selbstbewußt waren sie nicht. Wir, ihre Kinder, wurden aufgezogen – oder vielmehr zogen uns selbst auf – im Glauben an die Komplexität der Welt, die Bedeutsamkeit der Nuance, der Untertöne, der Grauzonen, der psychologischen Aspekte von diesem und jenem. Jetzt, da wir das Alter erreicht haben, das uns mit ihnen auf die gleiche Stufe stellt, da wir die gleiche Körpermasse erreicht haben und Kleider in ihrer Größe tra-

gen, sehen wir, daß die ganze Sache haargenau auf das Entweder / Oder, auf das Ja / Nein-Prinzip hinausläuft. Wir brauchten fast ein Leben lang, um zu begreifen, was sie von Anfang an zu wissen schienen: daß die Welt eine rauhe Gegend ist und nichts Besseres verdient hat. Daß »Ja« und »Nein« sich ziemlich gut umschließen, ohne irgendwas auszulassen, daß all die Komplexität, die wir mit großem Genuß entdeckt und zergliedert hatten, uns fast unsere Willenskraft gekostet hätte.

26 Hätten sie nach einem Motto für ihr Leben gesucht, hätten sie ein paar Zeilen aus einer der *Nordischen Elegien* der Achmatowa nehmen können:

> Gleich einem Fluß
> lenkte die harsche Zeit mich um.
> Mein Leben ward vertauscht.
> Verlief in einem anderen Tal,
> an andren Gegenden vorbei.
> Und meine eignen Ufer kenn ich nicht.

Über ihre Kindheit haben sie mir nie viel erzählt, über die Familien, aus denen sie kamen, über ihre Eltern oder Großeltern. Ich weiß nur, daß einer meiner Großväter (mütterlicherseits) ein Singer-Nähmaschinen-Verkäufer in den baltischen Provinzen des Reiches (Litauen, Lettland, Polen) war, und daß der andere (väterlicherseits) ein Druckereiinhaber in St. Petersburg war. Ihre Zurückhaltung hat weniger mit Gedächtnisverlust zu tun als mit der unumgänglichen Notwendigkeit in jener Ära, ihre Klassenherkunft zu verheimlichen, um überleben zu können. Wenn mein Vater, der ein fesselnder Erzähler war, seine Reminiszenzen an die Gymnasialzeit ausbreitete, wurde er von einem warnenden Schuß aus den grauen Augen meiner Mutter unterbrochen. Sie ihrerseits blinzelte nicht einmal, wenn sie gelegentlich einen französischen Ausdruck hörte von einigen meiner Freunde oder auf der Straße, obwohl ich sie einmal mit einer französischen Ausgabe meiner Gedichte überraschte. Wir sahen uns an; dann stellte sie wortlos das Buch wieder zurück aufs Regal und verließ meinen »Lebensraum«.

Ein umgeleiteter Fluß, der auf seine fremde, künstliche Mündung zufließt. Kann irgend jemand sein Verschwinden in dieser Mündung natürlichen Ursachen zuschreiben? Und falls man es kann. Wie steht's mit seinem Lauf? Wie steht's mit dem menschlichen Potential, eingeschränkt und von außen her fehlgeleitet? Wer ist in der Lage zu erklären, wovon er umgelenkt wurde? Gibt es jemand? Und während ich diese Fragen stelle, verliere ich die Tatsache nicht aus den Augen, daß dieses eingeschränkte oder fehlgelenkte Leben in seinem eigenen Verlauf noch ein anderes Leben hervorbringen konnte,

meines, zum Beispiel, das, bestünde es nicht wegen jener Beschränkung der Möglichkeiten, zunächst einmal nicht zustande gekommen wäre, und keiner hätte Fragen gestellt. Nein, ich kenne das Wahrscheinlichkeitsgesetz.

Ich wünsche nicht, meine Eltern hätten sich nie kennengelernt. Ich stelle diese Fragen genau darum, weil ich ein Nebenfluß eines verdrehten, umgeleiteten Flusses bin. Am Ende, glaube ich, spreche ich mit mir selbst.

Wann und wo, frage ich mich, nimmt der Übergang von Freiheit zur Sklaverei den Status der Unausweichlichkeit an? Wann wird er akzeptabel, besonders für einen unschuldigen Zuschauer? In welchem Alter ist es am wenigsten schmerzlich, den freiheitlichen Zustand aufzugeben? In welchem Alter registriert das Gedächtnis diese Veränderung am wenigsten? Mit zwanzig Jahren? Fünfzehn? Zehn? Fünf? Im Mutterleib? Rhetorische Fragen, oder? Eigentlich doch nicht. Mindestens ein Revolutionär oder ein Eroberer sollte die richtige Antwort kennen. Dschingis Khan, zum Beispiel, kannte sie. Er hat jeden, dessen Kopf höher als die Radnabe eines Karrens war, einfach tranchiert. Also fünf. Aber am 25. Oktober 1917 war mein Vater schon vierzehn; meine Mutter zwölf. Sie konnte schon etwas Französisch; er Latein. Deshalb stelle ich diese Fragen. Deshalb spreche ich mit mir selbst.

27 An Sommerabenden waren unsere drei hohen Fenster geöffnet, und die Brise vom Fluß versuchte, sich in den Tüllgardinen wichtig zu machen. Der Fluß war nicht weit, nur zehn Minuten zu Fuß von unserem Haus. Nichts war zu weit: der Sommergarten, die Eremitage, das Marsfeld. Aber auch als sie jünger waren, gingen meine Eltern selten spazieren, weder miteinander noch allein. Nach einem langen Tag auf den Beinen war mein Vater nicht

sehr darauf erpicht, wieder auf die Straße zu kommen. Und meine Mutter: nach acht Stunden im Büro tat das Schlangestehen bei ihr die gleiche Wirkung; außerdem, es gab zu Hause viel zu tun. Wenn sie sich rauswagten, dann meistens, um bei irgendeinem Familientreffen (Geburtstag oder Hochzeitstag) dabeizusein oder um ins Kino zu gehen, sehr selten ins Theater.

Mein ganzes Leben spielte sich in ihrer Nähe ab, so wurde mir ihr Älterwerden nicht bewußt. Jetzt, da meine Erinnerung zwischen verschiedenen Dekaden pendelt, sehe ich meine Mutter vom Balkon aus tief unten die schlurfende Gestalt ihres Mannes beobachten und wie sie vor sich hin murmelt: »Ein richtig alter Mann, das bist du. Ein definitiv alter Mann.« Und ich höre das »Du bist halt besessen davon, mich unter die Erde zu bringen« meines Vaters, womit ihre Streitereien in den sechziger Jahren abgeschlossen waren, statt des Türeknallens und des schwindenden Geräuschs seiner Schritte, zehn Jahre zuvor. Und ich sehe, wenn ich mich rasiere, seine silbergrauen Stoppeln auf meinem Kinn.

Wenn meine Gedanken sie jetzt mit Vorliebe als ältere Menschen sehen, so hängt das vermutlich mit dem Kniff des Gedächtnisses zusammen, letzte Eindrücke am besten zu behalten. (Man füge unsere Sucht nach linearer Logik, nach Evolution hinzu – und die Erfindung der Fotografie ist unvermeidlich.) Aber ich glaube, daß das

Faktum, daß auch ich mich dem hohen Alter nähere, eine Rolle spielt: Man träumt selten von seiner eigenen Jugend, etwa von seinem zwölften Lebensjahr. Wenn ich eine Vorstellung von der Zukunft habe, so wird sie diesen zwölf Jahren ähnlich sein. Sie sind mein »Kilroy was here« für übermorgen, zumindest bildlich.

28 Wie die meisten Männer gleiche ich mehr meinem Vater als meiner Mutter. Doch als Kind habe ich mehr Zeit mit ihr verbracht – teilweise wegen des Krieges, teilweise wegen des Nomadenlebens, das mein Vater danach führen mußte. Mit vier Jahren hat sie mir das Lesen beigebracht; fast alle meine Gesten, Intonationen und Manierismen sind, ich nehme es an, ihre. Ebenfalls einige Angewohnheiten, einschließlich das Rauchen.

Für russische Verhältnisse war sie ziemlich groß, einmetersechzig, blond und eher mollig. Sie hatte spülwasserfarbenes Haar, das sie ihr ganzes Leben kurz trug, und graue Augen. Es hat ihr besonders gefallen, daß ich ihre gerade, hohe römische Nase geerbt habe und nicht den gebogenen majestätischen Zinken meines Vaters, den sie überaus faszinierend fand. »Ach, dieser Zinken!« hob sie an, um darauf ihre Rede mit Pausen sorgfältig zu unterbrechen, »solche Zinken« – Pause – »werden im Himmel verkauft« – Pause – »sechs Rubel das Stück.« Obwohl er

an eines der Sforza-Profile von Piero della Francesca erinnerte, der Zinken war eindeutig jüdisch, und sie hatte gute Gründe, sich zu freuen, daß ich ihn nicht mitgekriegt hatte.
Trotz ihres Mädchennamens (den sie in der Ehe beibehielt) spielte »Paragraph fünf« in ihrem Fall eine geringere Rolle als üblich: ihres Aussehens wegen. Sie war wirklich sehr attraktiv, auf eine typisch nordeuropäische, ich würde sagen, baltische Art. Das war, in gewissem Sinne, ein Segen: Sie hatte keine Schwierigkeiten mit der Anstellung. Mit dem Ergebnis freilich, daß sie ihr ganzes Leben arbeiten mußte. Vermutlich weil es ihr nicht geglückt war, ihre kleinbürgerliche Klassenherkunft zu verschleiern, mußte sie alle Hoffnung auf eine bessere Ausbildung aufstecken und ihr ganzes Leben lang in verschiedenen Büros zubringen, entweder als Sekretärin oder als Buchhalterin. Der Krieg brachte eine Veränderung: Sie wurde Dolmetscherin in einem Lager für deutsche Kriegsgefangene und hat den Rang eines Unterleutnants bei den Streitkräften des Innenministeriums erreicht. Nachdem Deutschland die Kapitulation unterzeichnet hatte, bot man ihr eine Beförderung und eine Lebensstellung in der Verwaltung des Ministeriums an. Weil sie nicht scharf darauf war, der Partei beizutreten, lehnte sie ab und kehrte zu Millimeterpapier und Rechenmaschine zurück. »Ich beabsichtige nicht, vor meinem

Mann zunächst zu salutieren«, sagte sie zu ihrem Vorgesetzten. »Und ich möchte meinen Kleiderschrank nicht in ein Arsenal verwandeln.«

29 Wir nannten sie »Marusja«, »Manja«, »Manetschka« (Diminutive meines Vaters und ihrer Schwester für sie), und »Masja« oder »Kisa«, das waren meine Erfindungen. Im Lauf der Zeit wurden die beiden letzten häufiger gebraucht, und sogar mein Vater fing an, sie so anzureden. Außer »Kisa« waren diese Kosenamen alle Diminutive ihres Vornamens: Maria. »Kisa« ist ein schmeichelhafter Ausdruck für eine Katze, und längere Zeit sträubte sie sich dagegen, daß man sie so nannte. »Untersteh dich, mich so zu nennen!« rief sie wütend. »Und überhaupt, hör auf mit all deinen kätzchenhaften Kosenamen, sonst kriegst du schließlich ein Katzenhirn.«
Das bezog sich auf mein Faible als Junge gewisse Wörter, deren Vokale dies zuließen, katzenhaft zu artikulieren. »Mimik« war eines, und bis ich fünfzehn war, gab es eine ganze Menge »Miaumiau« in unserer Familie. Mein Vater schien der Sache zugänglich, und wir fingen an, einander »Großer Kater« und »Kleiner Kater« zu nennen. Ein »Miau« oder ein »Schnurr-Miau« oder ein »Schnurr-schnurr-Miau« deckte einen erheblichen Teil unseres emotionalen Spektrums ab. Anerkennung, Zwei-

fel, Gleichgültigkeit, Resignation, Vertrauen. Nach und nach fing meine Mutter auch damit an, aber hauptsächlich, um Distanz anzumelden.

»Kisa« jedoch ist ihr geblieben, gerade dann, als sie wirklich alt wurde: Rundlich, in ein paar braune Schals gewickelt, mit ihrem unerhört lieben, weichen Gesicht, sah sie sehr anschmiegsam aus und sehr selbstgenügsam. Man hätte meinen können, sie wollte schnurren. Statt dessen sagte sie zu meinem Vater: »Sascha, hast du den Strom für diesen Monat bezahlt?« Oder zu niemandem im besonderen: »Nächste Woche sind wir dran mit dem Wohnungsputz«, was hieß, daß der Boden im Gang und in der Küche zu schrubben und aufzunehmen war, das Badezimmer und der Lokus sauberzumachen waren. Sie wandte sich an niemand im besonderen, weil sie wußte, daß sie diejenige war, die das machen mußte.

Wie sie während der letzten zwölf Jahre all die blöden 30
Pflichten, besonders die Putzerei, geschafft hat, kann ich mir nicht vorstellen. Mein Weggang hieß natürlich, daß ein Mund weniger zu stopfen war, und sie hätten ab und zu jemanden anstellen können, diese Dinge zu übernehmen. Doch da ich ihr Budget (zwei spärliche Renten) und den Charakter meiner Mutter kenne, zweifle ich, daß sie es je getan haben. Außerdem, in einer Gemeinschafts-

wohnung ist diese Sitte unüblich: Der natürliche Sadismus der Nachbarn muß schließlich einigermaßen befriedigt werden. Einem Verwandten, vielleicht, wäre das Putzen gestattet, aber nicht jemand gegen Bezahlung. Obwohl ein Krösus mit meinem Universitätsgehalt, wollten sie nichts davon hören, US-Dollars in Rubel zu tauschen. Sie hielten den offiziellen Wechselkurs für Nepp; und waren andererseits zu anspruchsvoll und auch zu ängstlich, irgendwas mit dem Schwarzhandel zu tun haben zu wollen. Der letzte Grund war vielleicht der stärkste: Sie erinnerten sich, wie 1964, als ich zu fünf Jahren Haft verurteilt worden war, ihre Rentenzahlung eingestellt wurde und sie wieder Arbeit finden mußten. Drum schickte ich ihnen meistens Anziehsachen und Kunstbände, weil von Bibliophilen für Kunstbücher sehr hohe Preise gezahlt wurden. Die Kleider haben sie wahrhaft genossen, mein Vater ganz besonders, der immer gern schnieke angezogen war. Und die Kunstbücher haben sie auch für sich behalten. Um sie anzuschauen, wenn der Boden der Gemeinschaftswohnung geschrubbt war, mit ihren fünfundsiebzig Jahren.

31 Ihr Lesegeschmack war sehr vielseitig, wobei meine Mutter eine besondere Vorliebe für die russischen Klassiker hatte. Weder sie noch mein Vater hatten bestimmte An-

sichten über Literatur, Musik und Kunst, obwohl sie in ihrer Jugend einige Leningrader Schriftsteller, Komponisten und Maler (Zostschenko, Zabolotzkij, Schostakowitsch, Petrow-Wotkin) persönlich gekannt hatten. Sie waren ganz einfach Leser – Abendleser, genauer gesagt – und haben immer aufgepaßt, daß ihre Bibliotheksausweise erneuert wurden. Wenn meine Mutter von der Arbeit nach Hause kam, hatte sie in ihrem vollen Einkaufsnetz neben Kartoffeln und Kohl ständig ein Buch aus der Bibliothek, das in Zeitungspapier eingeschlagen war, um es vor Schmutz zu schützen.

Als ich sechzehn war und in der Fabrik arbeitete, hatte sie mir vorgeschlagen, mich bei der städtischen Leihbibliothek einzuschreiben, und ich glaube nicht, daß sie nichts anderes im Sinn hatte, als mich am Herumlungern auf den abendlichen Straßen zu hindern. Andererseits wollte sie, soviel ich weiß, daß ich Maler werde. Jedenfalls waren die Zimmer und Gänge des ehemaligen Krankenhauses am rechten Ufer der Fontanka der Anfang meines Verderbens, und ich erinnere mich an das erste Buch, das ich, auf Anraten meiner Mutter, dort verlangt habe. Es war *Gulistan – Der Garten der Rose* von dem persischen Dichter Saadi. Meine Mutter, das stellte sich heraus, liebte persische Lyrik. Das nächste, das ich, von mir aus, verlangte, war Maupassants *La Maison Tellier.*

32 Was Gedächtnis und Kunst gemeinsam haben, ist der Selektionskniff, der Sinn für Details. Obwohl diese Beobachtung für die Kunst schmeichelhaft sein könnte, für Prosa besonders, dem Gedächtnis muß sie beleidigend

vorkommen. Diese Beleidigung ist hingegen wohl verdient. Das Gedächtnis beruft sich gerade auf Einzelheiten, nicht aufs ganze Bild, auf Höhepunkte, wenn man so will, nicht auf die gesamte Show. Die Überzeugung, wir erinnerten uns irgendwie an das Ganze, auf umfassende Weise, diese feste Überzeugung, die unsere Spezies ermutigt, mit dem Leben fortzufahren, ist völlig grundlos. Mehr als irgend etwas sonst gleicht das Gedächtnis einer Bibliothek in alphabetischer Unordnung, ohne die gesammelten Werke von irgendwem.

33 So wie andere Leute das Wachsen ihrer Kinder mit Bleistift auf der Küchenwand markieren, so hat mich mein Vater jedes Jahr an meinem Geburtstag auf den Balkon geführt und mich da fotografiert. Den Hintergrund bildet ein mittlerer Platz mit Kopfsteinpflaster, auf dem die Kathedrale des Preobrashenskij-Regiments Seiner Kaiserlichen Majestät steht. In den Kriegsjahren war die Krypta zum Luftschutzkeller bestimmt, und während der Luftangriffe hat mich meine Mutter da zusammen mit Tagebuchnotizen in eine große Kiste gesteckt. Das ist das eine, das ich der Orthodoxie verdanke, und das hat mit Gedächtnis zu tun.

Die Kathedrale, ein sechsstöckiger, klassizistischer Bau, von einem ziemlich großen Garten voll mit Eichen, Linden und Ahornbäumen umgeben, war mein Spielplatz in der Nachkriegszeit, und ich erinnere mich, wie meine Mutter mich abholte (sie zieht, ich bocke und schreie: ein Bild für widerstreitende Ansichten) und mich nach Hause schleppte, um Hausarbeiten zu machen. Mit ähnlicher Klarheit sehe ich sie, meinen Großvater und meinen Vater, wie sie in einem der schmalen Laubengänge dieses Gartens versuchen, mir beizubringen, auf einem zweirädrigen Fahrrad zu fahren, ein Bild für ein gemeinsames Ziel oder eine gemeinsame Bewegung. Auf der Hinterseite der Ostwand der Kathedrale war, mit dickem Glas bedeckt, eine große schummrige Ikone, die die Verklärung darstellte: Christus in der Luft, über einer Menge von Körpern schwebend, die sich völlig fasziniert zurücklehnten. Niemand konnte mir die Wichtigkeit dieses Bildes erklären, selbst jetzt bin ich nicht sicher, ob ich es gänzlich erfasse. Es waren sehr viele kleine Wolken auf der Ikone, und irgendwie brachte ich sie mit dem Klima der Gegend in Verbindung.

Der Garten war von einem schwarzen gußeisernen Zaun 34
umrahmt, der von riesigen, in gleichmäßigen Abständen umgekehrt aufgestellten Kanonen getragen wurde. Die Soldaten des Preobrashenskij-Regiments hatten sie im Krimkrieg von den Briten erobert. Zur Zierde des Zauns waren die Kanonenrohre (jeweils eine Dreiergruppe auf einem Granitblock) mit schweren gußeisernen Ketten verbunden, auf denen Kinder wild herumschaukelten und sowohl die Gefahr, auf die Spitzen darunter zu fallen, wie

auch das Geklirre genossen. Selbstverständlich war das streng verboten, und die Kathedralenwächter haben uns immerzu weggejagt. Selbstverständlich war der Zaun entschieden interessanter als das Innere der Kathedrale mit Weihrauchgeruch und viel mehr statischer Präsenz. »Siehst du die da?« fragte mein Vater und deutete auf die schweren Glieder der Kette. »An was erinnern sie dich?« Ich bin in der zweiten Klasse und sage: »Sie sind wie eine Acht.« – »Richtig«, sagt er. »Und weißt du, wofür die Acht ein Symbol ist?« – »Schlangen?« – »Beinah. Sie ist ein Symbol für Unendlichkeit.« – »Was ist Unendlichkeit?« – »Danach solltest du lieber drinnen fragen«, sagt mein Vater grinsend und zeigt auf die Kathedrale.

35 Es war aber auch er, der, als ich ihm zufällig am hellichten Tag, Schule schwänzend, über den Weg lief, eine Erklärung von mir verlangte. Und der mich, als ich ihm sagte, daß ich unter fürchterlichen Zahnschmerzen litte, auf der Stelle in die Zahnklinik schleppte, wo ich für meine Lügen mit zwei Stunden unausgesetztem Terror bezahlt habe. Und wieder war er es, der beim Erziehungsrat Partei für mich ergriff, als der mich wegen disziplinarischer Schwierigkeiten aus der Schule schmeißen wollte. »Wie können Sie es wagen! Sie, der Sie die Uniform unserer Armee tragen!« – »Marine, gnädige Frau«, sagte

mein Vater. »Und ich verteidige ihn, weil ich sein Vater bin. Nicht verwunderlich. Auch Tiere verteidigen ihre Jungen. Selbst Brehm sagt das.« – »Brehm? Brehm? Ich … Ich werde die Parteiorganisation Ihrer Einheit informieren.« Was sie natürlich tat.

»An deinem Geburtstag und zum neuen Jahr mußt du im- 36
mer etwas Nagelneues anziehen. Mindestens Socken« – dies ist die Stimme meiner Mutter. »Iß immer etwas, bevor du zu einem Vorgesetzten gehst, zu deinem Chef oder Offizier. So bist du immer ein bißchen überlegen.« (Hier spricht mein Vater.) »Wenn du gerade das Haus verlassen hast und zurück mußt, weil du etwas vergessen hast, schau mal in den Spiegel, bevor du wieder gehst. Sonst könntest du Schwierigkeiten kriegen.« (Wieder sic.) »Denk nie daran, wieviel du ausgegeben hast. Denk daran, wieviel du verdienen kannst.« (Das ist er.) »Geh nie ohne Jacke in die Stadt.« – »Es ist gut, daß du rothaarig bist, laß sie reden. Ich war brünett, und Brünette sind eine bessere Zielscheibe.«

Ich höre diese Ermahnungen und Anweisungen, aber es sind Bruchstücke, Details. Das Gedächtnis verrät jeden, besonders diejenigen, die wir am besten kannten. Es ist ein Verbündeter der Vergeßlichkeit, es ist ein Verbündeter des Todes. Es ist ein Fischernetz mit sehr kleiner

Beute und von Wasser keine Spur. Es taugt nicht, einen Menschen auferstehen zu lassen, nicht mal auf dem Papier. Was hat man von den Millionen von Zellen, die man in unserem Gehirn schätzt? Was hat man von Pasternaks »Großer Gott der Liebe, Großer Gott der Details«? Mit welcher Zahl von Details muß man sich schließlich zufriedengeben?

37 Ich sehe ihre Gesichter, seines und ihres, mit großer Klarheit, mit all ihren Ausdrucksmöglichkeiten – aber auch das sind Bruchstücke: Momente, Beispiele. Sie sind besser als Fotos mit ihrem unerträglichen Lachen, und doch sind sie konfus. Manchmal fange ich an, meinen Verstand zu verdächtigen, er versuche, ein kumulatives Bild von meinen Eltern zu produzieren: ein Zeichen, eine Formel, eine erkennbare Skizze; mein Verstand versucht, mich dahin zu bringen, daß ich mich zufriedengebe. Ich vermute, ich könnte das, und mir ist vollkommen bewußt, wie absurd die Gründe meines Widerstands sind: das fehlende Kontinuum der Bruchstücke. Man sollte vom Gedächtnis nicht soviel erwarten; man soll nicht erwarten, daß ein im Dunkeln verknipster Film neue Bilder entwickelt. Natürlich nicht. Aber man kann einem Film, der im Tageslicht eines Lebens verschossen wurde, vorwerfen, daß die Einzelaufnahmen fehlen.

Vermutlich dreht sich alles darum, daß es kein Kontinuum geben darf: von nichts und niemandem. Daß die Gedächtnisausfälle nur ein Beweis sind für die Unterwerfung eines lebendigen Organismus unter die Gesetze der Natur. Kein Leben ist dazu bestimmt, präserviert zu werden. Sofern man nicht ein Pharao ist, bemüht man sich nicht, Mumie zu werden. Einmal angenommen, die Objekte der Erinnerung verfügen über diese Art der Solidität, so könnte man sich mit der Qualität seines Gedächtnisses versöhnen. Ein normaler Mensch erwartet nicht, irgend etwas fortzusetzen, erwartet keine Kontinuität, weder für sich noch für seine Werke. Ein normaler Mensch erinnert sich nicht daran, was er zum Frühstück gegessen hat. Routinedinge repetitiver Natur sind zum Vergessen da. Frühstück ist eine Art Routine; die geliebten Menschen eine andere. Das beste ist, dieses alles mit Platzeinsparung zu erklären. 38

Diese umsichtig aufgesparten Gehirnzellen kann man dazu benutzen, um darüber zu grübeln, ob diese Gedächtnisausfälle nicht eben eine stumme Stimme jenes Verdachts sind, daß wir untereinander alle Freunde sind. Daß unser Sinn für Autonomie weit stärker ist als der für Einigkeit, von Kausalität ganz zu schweigen. Daß ein Kind sich an seine Eltern nicht erinnert, weil es immer den Hafen verläßt, offen für die Zukunft. Es spart vermutlich auch seine Gehirnzellen für zukünftigen Ge-

brauch auf. Je kürzer das Gedächtnis, desto länger das Leben, lautet ein Sprichwort. Oder, je länger die Zukunft, desto kürzer das Gedächtnis. Auf diese Weise läßt sich die Aussicht auf Langlebigkeit bestimmen, den zukünftigen Patriarchen ausmachen. Hingegen der Nachteil ist, ob Patriarch oder nicht, ob autonom oder abhängig, daß auch wir uns dauernd repetieren und ein Großer Irgendwer seine Hirnzellen an uns spart.

Es ist weder eine Aversion gegen diese Art von Metaphysik noch eine Abneigung gegen die Zukunft – offensichtlich durch die Qualität meines Gedächtnisses garantiert –, die mich, trotz des mageren Ertrags, unentwegt beschäftigt. Die Selbsttäuschungen eines Schriftstellers, oder die Angst, auf Kosten meines Vaters und meiner Mutter mit den Naturgesetzen konspiriert zu haben, hat damit auch sehr wenig zu tun. Ich glaube einfach, daß die Naturgesetze einem jeden im Verein mit einem (oder in Gestalt des) unzulänglichen Gedächtnisses ein Kontinuum verwehren, den Interessen des Staates dienen. Was mich angeht, bin ich nicht willens, ihre Arbeit zu fördern. 39

Natürlich, zwölf Jahre von zunichte gemachten, wiedererwachten und wieder zunichte gemachten Hoffnungen, die ein uraltes Paar über die Schwellen von zahlreichen

Gemeindeverwaltungen und Kanzleien bis zum Hochofen des staatlichen Krematoriums geführt haben, sind in sich selbst repetitiv, sieht man nicht nur ihre Dauer an, sondern auch die Anzahl ähnlicher Fälle. Aber, es geht mir weniger darum, meinen Gehirnzellen diese Monotonie zu ersparen, wie es das Höchste Wesen mit den Seinen hält. Meine sind sowieso ziemlich verseucht. Außerdem, allein die Erinnerung an bloße Einzelheiten, an Bruchstücke, und ganz zu schweigen davon, daß man sich auf englisch erinnert, liegt nicht im Interesse des Staates. Allein das läßt mich weitermachen.

40 Auch werden diese beiden Krähen ein bißchen zu dreist. Jetzt sind sie auf meiner Veranda gelandet und lungern um den alten Holzhaufen herum. Sie sind pechschwarz, und obwohl ich sie anzusehen vermeide, bemerke ich, daß sie sich in der Größe etwas voneinander unterscheiden. Eine ist kleiner als die andere, so wie meine Mutter meinem Vater nur bis zur Schulter reichte; ihre Schnäbel jedoch sind identisch. Ich bin kein Ornithologe, aber ich glaube, Krähen sind langlebig, Raben jedenfalls sind es. Obgleich ich ihr Alter nicht feststellen kann, sehen sie wie ein altes Paar aus. Wenn ich ausgehe, bringe ich es nicht übers Herz, sie zu verscheuchen, kann aber mit ihnen auch nicht auf andere Weise kommunizieren. Ich

glaube nur, mich irgendwie zu erinnern, daß Krähen nicht nach Süden ziehen. Wenn die Ursprünge der Mythologie Furcht und Einsamkeit sind, bin ich einsam. Und ich frage mich, wie viele Dinge von heute an mich an meine Eltern erinnern werden. Nur, wer braucht bei dieser Art von Besuch ein gutes Gedächtnis?

Ein Zeichen für die Schwäche des Gedächtnisses ist, daß 41
es abstruse Einzelheiten behält. Zum Beispiel unsere erste, damals fünfstellige Telefonnummer, die wir kurz nach dem Krieg hatten. Sie war 265-39, und ich vermute, ich erinnere mich noch an sie, weil der Apparat angeschlossen wurde, als ich gerade in der Schule das Einmaleins lernen mußte. Sie nützt mir jetzt nichts mehr: genau wie unsere letzte Nummer, in unseren eineinhalb Zimmern, mir nichts mehr nützt. Ich erinnere mich nicht an sie, an die letzte, obwohl ich sie während der vergangenen zwölf Jahre fast jede Woche gewählt habe. Briefe gingen nicht durch, deshalb begnügten wir uns mit dem Telefon: Es ist offenbar leichter, einen Anruf abzuhören, als einen Brief zu durchleuchten und anschließend auszutragen. Ach, jene wöchentlichen Anrufe in die UdSSR! Der ITT ist es noch nie so gut gegangen.
Wir konnten bei diesen Gesprächen nicht viel sagen; wir mußten entweder zurückhaltend oder unaufrichtig eu-

phemistisch sein. Es ging meistens um das Wetter oder die Gesundheit, nie um Namen, sehr viel um gesunde Ernährung. Die Hauptsache war, gegenseitig die Stimme des anderen zu hören und uns somit auf animalische Weise unserer Existenz zu versichern. Das meiste war ohne Bedeutung, und es ist kein Wunder, daß ich mich an keine Einzelheiten erinnere, außer an die Antwort meines Vaters am dritten Tag des Krankenhausaufenthalts meiner Mutter. »Wie geht es Masja?« fragte ich. »Na ja, Masja wird nicht mehr, weißt du«, sagte er. Das »weißt du« sagte er, weil er selbst bei diesem Anlaß euphemistisch sein wollte.

42 Oder aber ein Schlüssel wird an die Oberfläche meines Hirns geworfen: ein länglicher Edelstahlschlüssel, der schlecht in unsere Taschen paßte, leicht aber in die Tasche meiner Mutter. Dieser Schlüssel öffnete unsere hohe weiße Tür, und ich begreife nicht, wieso ich mich jetzt an ihn erinnere, wo doch das Haus gar nicht mehr existiert. Ich zweifle, ob irgendeine erotische Symbolik dahinter steckt, weil wir drei Exemplare hatten. Aus dem gleichen Grund verstehe ich nicht, warum ich mich an die Falten auf der Stirn meines Vaters und unter seinem Kinn erinnere, oder an die rötliche, etwas entzündete linke Wange meiner Mutter (sie nannte es eine »vegeta-

tive Neurose«), weil weder die Zeichen noch die, die sie trugen, existieren. Nur ihre Stimmen sind in meinem Bewußtsein irgendwie lebendig geblieben: vermutlich weil meine eigene mit der ihren verschmilzt, wie meine Züge mit ihren verschmelzen müssen. Der Rest – ihr Fleisch, ihre Kleider, das Telefon, der Schlüssel, unser Besitz, die Möbel – ist weg, um nie gefunden zu werden, als wären unsere eineinhalb Zimmer von einer Bombe getroffen worden. Nicht von einer Neutronenbombe, die mindestens die Möbel unversehrt gelassen hätte, sondern von einer Zeitbombe, die einem selbst das Gedächtnis zerstückelt. Das Gebäude steht noch, aber der Ort wurde ausgeputzt, und neue Bewohner, nein: Truppen sind eingezogen und halten es besetzt, das ist es, worum es bei einer Zeitbombe geht. Denn das ist ein Zeitkrieg.

43

Opernarien, Tenöre und die Filmstars ihrer Jugend haben ihnen gefallen, für Malerei hatten sie sich nicht besonders interessiert, hatten eine Vorstellung von »klassischer« Kunst. Kreuzworträtsel zu lösen, machte ihnen Spaß, und sie waren von meinen literarischen Arbeiten verwirrt und bestürzt. Sie glaubten, ich hätte die falsche Richtung eingeschlagen, machten sich Sorgen über das, was ich tat, aber haben mich, soweit es ihnen möglich war, unterstützt, weil ich ihr Kind war. Später, als es mir gelang, hier und da etwas zu veröffentlichen, haben sie sich gefreut, und manchmal waren sie sogar stolz. Aber ich weiß, wäre ich bloß ein Graphomane und Versager gewesen, ihre Einstellung zu mir wäre nicht anders gewesen. Sie liebten mich mehr als sich selbst, und höchstwahrscheinlich würden sie mein Schuldbewußtsein, das ich ihnen gegenüber habe, überhaupt nicht verstehen. Das Wichtigste war das Brot auf dem Tisch, waren saubere Kleider und die Gesundheit. Dies waren ihre Synonyme für Liebe, und sie waren besser als meine.

Was jenen Zeitkrieg angeht, so haben sie ihn mutig bekämpft. Sie wußten, daß eine Bombe wohl explodieren würde, aber sie haben ihre Taktiken nie geändert. Solange sie sich noch aufrecht bewegen konnten, sind sie hin und her gelaufen, zum Einkaufen, um ihren bettlägerigen Freunden und Verwandten Essen vorbeizubringen; haben Kleider verschenkt, Geld, wenn sie was übrig hatten, oder haben die, die noch schlechter dran waren als sie, beherbergt. So sind sie immer gewesen, solange ich mich an sie erinnere; und nicht, daß sie im tiefsten Innern dachten, wenn sie liebenswürdig zu anderen Menschen wären, dann würde es da droben hoch angerechnet und ihnen eines Tages in gleicher Münze zurückgezahlt werden. Nein, dies war die selbstverständliche und unspekulative Großzügigkeit extrovertierter Menschen, die den anderen vielleicht dann erst klar wurde, als ich, auf den sie sich so lange eingestellt hatten, nicht mehr da war. Und das könnte mir helfen, mich mit der Qualität meines Gedächtnisses abzufinden.

Daß sie mich noch einmal sehen wollten, bevor sie starben, hat nichts mit dem Wunsch oder Versuch zu tun, jener Explosion auszuweichen. Sie wollten nicht emigrieren, um ihre letzten Tage in den USA zu verbringen. Sie fühlten sich zu alt für jedwede Art von Veränderung, und Amerika war für sie bestenfalls der Name für einen Ort, an dem sie ihren Sohn treffen könnten. Er war für sie nur Realität, solange sie zweifelten, ob sie die Reise schaffen würden, wenn sie die Reiseerlaubnis bekämen. Und was für Spiele haben diese zwei alten, gebrechlichen Menschen zu treiben versucht, mit all den widerlichen Menschen, die für die Reiseerlaubnis verantwortlich waren! Meine Mutter beantragte für sich allein ein Visum, um zu zeigen, daß sie nicht beabsichtigte, sich in die USA abzusetzen, daß ihr Mann als Geisel zurückbleiben würde, als Garantie für ihre Rückkehr. Dann tauschten sie die Rollen. Dann warteten sie eine Weile, um vorzutäuschen, sie hätten das Interesse verloren, oder um den Behörden zu zeigen, sie hätten verstanden, wie schwierig es für die Behörden war, eine Entscheidung unter diesen oder jenen klimatischen Verhältnissen in den US-UdSSR-Beziehungen zu fällen. Dann stellten sie einen Antrag für einen einwöchigen Aufenthalt in den USA, oder für eine Reiseerlaubnis nach Finnland oder Polen. Dann wollten sie die Hauptstadt aufsuchen, um da um Audienz mit was immer für einem Präsidenten, den das Land hatte, zu bitten, und um an alle Türen der Ministerien für äußere und innere Angelegenheiten zu klopfen. Alles umsonst: Das System, von oben bis unten, machte nicht einen einzigen Fehler. Als System konnte es stolz auf sich sein. Aber Unmenschlichkeit ist immer leichter zu organisieren als alles andre. Für diesen Job mußte Rußland nie ein Know-how importieren. Tatsächlich, die einzige Möglichkeit für jenes Land, reich zu werden, ist, es zu exportieren.

44 Und das tut es, in stets zunehmendem Maß. Aber man darf etwas Trost, wenn nicht gerade Hoffnung, aus der Tatsache ziehen, daß das letzte Gelächter zwar nicht, aber das letzte Wort der Genetik gehört. Meiner Mutter und meinem Vater bin ich nicht nur dafür dankbar, daß sie mir mein Leben geschenkt haben, sondern auch für das Versagen, ihr Kind zum Sklaven zu erziehen. Sie haben versucht, was sie konnten, und wenn es nur darum ging, mich vor der gesellschaftlichen Realität, in die ich hineingeboren wurde, zu schützen – mich zu einem gehorsamen, loyalen Mitglied des Staates zu machen. Daß es ihnen nicht gelungen ist, daß sie dafür bezahlen muß-

ten, daß nicht ihr Sohn, sondern die anonyme Hand des Staates ihre Augen zugedrückt hat, zeugt nicht von ihrer Lässigkeit, sondern von der Qualität ihrer Gene, deren Fusion einen Körper zeugte, den das System fremdartig genug fand, um ihn rauszuschmeißen. Wenn man recht bedenkt, war nichts anderes von ihren vereinten Kräften zu erwarten, von seiner und ihrer Fähigkeit zu überdauern.

Wenn das nach Prahlerei klingt, nun gut. Die Mischung ihrer Gene lohnt die Prahlerei schon allein deshalb, weil sie sich als staatsresistent erwiesen hat. Und nicht einfach irgendeinem Staat gegenüber, sondern dem Ersten Sozialistischen Staat in der Geschichte der Menschheit, wie er sich mit Vorliebe selbst nennt: der Staat, der auf Genspaltung spezialisiert ist. Daher sind seine Hände immer blutig, wegen seiner Versuche, die Zellen zu isolieren und zu paralysieren, die die Willenskraft ausmachen. Angesichts des Riesenexports jenes Staates sollte man sich heute, wenn man eine Familie gründen will, eher nach der Blutgruppe des Partners als nach seiner Mitgift erkundigen: Man soll nach ihrer DNA fragen. Hier liegt vielleicht der Grund, warum bestimmte Völker Mischehen schräg ansehen.

Es gibt zwei Fotos von meinen Eltern, die in ihrer Jugend, den zwanziger Jahren, aufgenommen wurden. Er, auf dem Deck eines Dampfers: lächelndes, unbekümmertes Gesicht, ein Schornstein im Hintergrund; sie, auf dem Trittbrett eines Eisenbahn-Waggons, wie sie leicht geziert mit ihrer Glacé-Handschuh-Hand winkt, dahinter die Knöpfe auf dem Rock des Schaffners. Keiner der beiden wußte von der Existenz des anderen; keiner, natürlich, von der meinen. Außerdem ist es unmöglich, irgendwen jenseits des eigenen Körpers objektiv physisch wahrzunehmen, als Teil von einem selbst.

»... but Mom and Dad / Were not two other people«, wie Auden sagt. Und obwohl ich ihre Vergangenheit nicht nachleben kann, nicht einmal als das kleinste mögliche Teilchen von ihnen, kann mich nichts daran hindern, mich jetzt, da sie außerhalb meines Körpers nicht existent sind, als ihre Summe, als ihre Zukunft zu betrachten. Auf diese Weise, zumindest, sind sie genauso frei wie damals, als sie geboren wurden.

Soll ich mich dann bei dem Gedanken zusammennehmen, wenn ich meine Mutter und meinen Vater umarmen möchte? Soll ich mich mit dem Inhalt meines Schädels zufriedengeben, als mit dem, was von ihnen auf der Erde übriggeblieben ist? Vielleicht. Vermutlich gelingt mir dieses solipsistische Kunststück. Und ich nehme an, daß ich den Schrumpfungsprozeß ihrer Seelen auf mein Seelenvolumen, das kleiner ist, nicht abwenden kann. Soll ich mir selber »zumiauen«, nachdem ich »Kisa« gesagt habe? Und in welches der drei Zimmer, in denen ich

jetzt wohne, muß ich laufen, um diesen Miau-Ton überzeugend hervorzubringen?
Natürlich bin ich sie, ich bin jetzt unsere Familie. Aber weil nun keiner die Zukunft kennt, zweifle ich, daß ihnen vor vierzig Jahren in irgendeiner Septembernacht des Jahres 1939 einfiel, ihre Rettung produziert zu haben. Bestenfalls, so vermute ich, haben sie daran gedacht, ein Kind zu kriegen, eine Familie zu gründen. Ziemlich jung, und noch dazu frei geboren, haben sie nicht erkannt, daß in ihrem Geburtsland jetzt der Staat entscheidet, was für eine Familie man haben darf, ob man überhaupt eine Familie haben darf Als sie das erkannt hatten, war es schon für alles zu spät, bis auf die Hoffnung. Und das ist es, was sie getan haben, bis sie starben: sie hofften. Als Menschen mit Sinn für Familie konnten sie nichts anderes tun: sie hofften, planten, versuchten.

Ihnen zuliebe möchte ich denken, daß sie ihre Hoffnun- 45
gen nicht zu hoch schraubten. Vielleicht meine Mutter, aber wenn sie es tat, dann hat das mit ihrer Güte zu tun, und mein Vater hat keine Chance ausgelassen, sie darauf hinzuweisen. (»Nichts bringt weniger, Marusja«, sagte er gewöhnlich kurz angebunden, »als Selbstbetrug.«) An ihn erinnere ich mich, wie wir zu zweit an einem sonnigen Nachmittag im Sommergarten, als ich schon zwan-

zig oder vielleicht neunzehn war, spazierengingen. Wir blieben vor dem Holz-Pavillon stehen, in dem die Marine-Blaskapelle alte Walzer spielte: er wollte ein paar Aufnahmen von der Kapelle machen. Weiße Marmorplastiken, von leoparden- und zebraartigen Schattenmustern überzogen, die Menschen schlurften über den Kies, Kinder schrien am Teich, und wir sprachen vom Krieg, von den Deutschen. Ich starrte auf die Blaskapelle und ertappte mich beim Fragenstellen. Welches Konzentrationslager, seiner Meinung nach, schlechter war: das der Nazis oder unseres. »Mir«, lautete die Antwort, »wäre es lieber, sofort auf dem Scheiterhaufen verbrannt zu werden, als einen langsamen Tod zu sterben und dabei seine Bedeutung zu erkennen.« Dann knipste er weiter seine Bilder.